非上市公司股权
整体策划

周继程 ◎ 著

内容提要

本书以股权激励的系统化构建作为主线，详细介绍了企业在股权激励实施过程中，需要考量的"如何选择股东""怎样为企业估值""方案执行前后需要注意的事项""如何针对不同股东确定股价"等8个关键点。作者通过简单易懂的解读与案例来辅助说明、阐述股权配置与企业治理的新思路，并采用了图文、表格等方式，简明扼要地对其中的知识点进行了讲解，方便读者在最短时间内了解全书的精髓。另外，书中通过增设二维码，增加了阅读的互动性。读者在看完相关知识点后，可以进一步了解其他企业家对于相同问题的看法与解决思路，更可以通过这种方式，与助教老师或作者本人进行近距离互动。

图书在版编目(CIP)数据

非上市公司股权整体策划 / 周继程著. — 北京 ： 北京大学出版社，2019.6
ISBN 978-7-301-30218-7

Ⅰ. ①非… Ⅱ. ①周… Ⅲ. ①公司—股权—研究 Ⅳ. ①F276.6

中国版本图书馆CIP数据核字(2019)第001665号

书　　　名	非上市公司股权整体策划 FEI SHANGSHI GONGSI GUQUAN ZHENGTI CEHUA
著作责任者	周继程　著
责任编辑	吴晓月
标准书号	ISBN 978-7-301-30218-7
出版发行	北京大学出版社
地　　址	北京市海淀区成府路205 号　100871
网　　址	http://www.pup.cn　　新浪微博：@ 北京大学出版社
电子信箱	pup7@pup.cn
电　　话	邮购部 010-62752015　发行部 010-62750672　编辑部 010-62570390
印刷者	北京宏伟双华印刷有限公司
经销者	新华书店
	880毫米×1230毫米　32开本　6.875印张　147千字 2019年6月第1版　2019年6月第1次印刷
印　　数	1-8000册
定　　价	59.00元

未经许可，不得以任何方式复制或抄袭本书之部分或全部内容。
版权所有，侵权必究
举报电话：010-62752024　电子信箱：fd@pup.pku.edu.cn
图书如有印装质量问题，请与出版部联系。电话：010-62756370

自序
股权激励之路,吾愿与君同行

多数企业家对股权知识的了解不够,如下面的问题,你能答上来几个呢?

◎ 你知道怎样选择最适合自己公司的股东吗?

◎ 如果你的创业公司估值达100万元,那么你赠送员工5万股和赠送员工5%的股权,实际结果是一样的吗?

◎ 你的公司有没有只出钱(资源)不干活的股东?如果有,他的股权比例设定为多少会比较合理呢?他购买股权的价格应该和你一样吗?

◎ 在家族企业中,兄弟间最常见的五五平分是合适的持股比例划分方式吗?有哪些分配比例会有问题?

◎ 人们常说的对赌是什么?为什么那么多公司都会签对赌协议?

◎ 增资后,股权稀释的比例你能很清楚地计算出来吗?

◎ 是不是公司做了股权激励就可以了,除此之外还要做哪些工作呢?

中国的经济发展已经进入全新时代。随着人才竞争的急速加剧、创业热潮不断兴起,各种类型的中小企业应运而生。众所周知,国内中小企业的平均寿命为2.5年,集团企业的平均寿命也仅有7~8年。企业的生命周期短,能做大做强的企业更是寥寥无几。企业做不大、做不长的根源有很多,但导致不少企业消亡的核心原因只有一个——企业的股权出了问题!

真格基金创始人徐小平曾提出:"合伙人的重要性超过了商业模式和行业选择,比你是否处于风口上更重要。"很多企业的消亡并不是缘于外部市场的竞争,而是缘于企业的内耗。作为企业领军人的你,是不是也有过以下经历呢?

- 总说责权利要明晰,可是明晰过后,员工却不愿做分外工作。
- 对下属花钱从不手软,但还是出现了下属成批离开的现象。
- 以前公司有很多工作,人手不够用,一旦让他们独立核算,立刻会有人闲下来。
- 一起创业时,核心团队心在一起;企业稍微大了点,心反而远了。
- 因为股权激励方案的不专业,自己花心血"养大"的品牌,最后却归了别人。

……………

做了这么多年的咨询,我听闻了太多企业因为股权激励方案的不合理从盛到衰,也见证了更多的企业因为调整了股权激励措施,而变得更加科学化,更符合人心、人性,从崩溃边缘再次极速发展。可见,股权激励已经成为企业发展过程中,在战略层面上必不可少的配套方案。企业家都深知股权激励的重要性,但是如何操作,里面的系统性、策略性,与之相互配合的方法、表格工具如何使用,各类法律文件如何签订,操作过程中可能出现的问题和误区怎么规避等问题,显然已经成为中小企业家想做股权激励,但又不知道如何去做的"拦路虎"。

我在书中不愿去讲那些大道理,只想把这些年自己所了解的不同类型、不同行业、不同规模的企业,在股权改制道路上的真实状况、遇到的问题及解决方法告诉读者。这些年,聚百洲股权咨询集团服务的企业家客户近30万位,我亲自辅导了13 000余位企业家,得到了不少企业家的夸赞。对此,继程心怀感激,唯有把自己10多年的咨询经验和20多年经商经验中的教训、心得做更多的传播,让更多的人少走弯路,获得成功。

回到股权问题上,使股权真正落地,靠的是坚定不移的执行力和对激励对象的准确把握。在此过程中,最关键的一点就是抓住人心,激励对象要和企业有相同的价值观。另外,一定要有合理的规章制度,要在精神和物质上同时满足激励对象的愿景。综上所述,足以证明股权可以吸引人才、留住人才,可以融资,可以打市场,可以设计控股。即使企业家并没有那么多才华,也一定要学会战略布局,学会用人、留人,掌握股权激励、股权融资、股权并购。只有这样,中小企业才能稳妥地发展。我希望可以通过更"接地气"的言语,让企业家学好、用好关于股权的战略,希望他们的企业可以快速突破发展"瓶颈",顺利实现转型,进而做大、做强。

我们经常说,一片树叶,隐匿着气象的信息;一只麻雀,隐含着生命的肌理。而股权看似虚拟,其实更像一根不容忽视的粗壮枝条,贯穿于企业的"前世今生",透视着中小企业的复杂身世,叙说着中小企业的曲折故事,复原着中小企业的文化特性。从某种程度上讲,股权就是对企业历史的寻踪和对企业特性的寻根。我在书中以股权为"链条"，串联起"愿你在股权激励的道路上少走弯路""股东选不好，企业早晚倒""股权落地，首先考虑'系统化'""错误的股权激励方案，怎么改？""常见的5种股权激励模式""股权激励的'定海神针'""打造落地股权激励方案的系统秘招""让股权激励有个完美的结局"8章内容，向各位读者阐述股权激励的重要性。以构建股权激励系统的流程作为主线，将过程中重要、易学、有概念价值的内容做了详细介绍。以通俗易懂的解读与案例来辅助说明，阐述股权配置与企业治理的新思路，希望能为企业家提供有益的帮助。

编辑老师也对书稿形式做了多样化的呈现，全书图文并茂，相互补充，彼此映衬，在每章前提取了全章的核心观点，帮助大家了解内容。同时还设计了"联机学习区""股事汇""周老师提醒"等模块，让读者更准确地接收相关信息。希望读者阅读本书后，股权不再是认知里的一个抽象的符号，而是更为生动、直观、可爱，能使企业更有生命与精神的活体。

编辑老师还特意设计了一些二维码，读者可以通过扫描书中二维码，了解其他企业家学习的内容，并且与助教老师进行线上互动。读者关注"聚百洲官微"微信公众号，点击"联系我们"→"出版"，也能找到本书中所有通过二维码扫描获取的文章。

尽管笔者已倾尽所能，将自己的研究和经验总结得更全面、深入，但鉴于经济高速发展，对企业的各种研究和总结也日益精进，为此深感笔短纸薄，挂一漏万，若有不成熟或不完善的地方，敬请各位读者批评指正。股权激励之路，吾愿与君同行。

目录

第一章　愿你在股权激励的道路上少走弯路　14

第一节　中国中小企业家的股权知识现状　16

1. 股权——你从未想过的公司的第三种产品　16
2. 股权是企业的根，也是企业家的"命根"　17
   ⊙ 联机学习区：股权分配中的几点误区及合伙规则　19
3. 我送给你的是 50 万股，可不是公司 5% 的股权　19
   ⊙ 联机学习区：如何解决增资规则没约定清楚的后遗症　21

第二节　需要赶紧补上的股权课　22

1. 企业的 8 条股权生命线　22
   ⊙ 联机学习区：如何控制股权，避免股权被悄悄偷走　26
2. 股东必须知晓的相关权利　27
3. 不同阶段股权的市盈率有规律可循　32
4. 股权设计不合理所导致的 9 种结果　34
   ⊙ 联机学习区：公司章程模板　37

   股事汇　错误认知认缴制，麻烦无穷大。
   　　　　注册资本别贪多，转圜留空间。　37

第二章　股东选不好，企业早晚倒　44

第一节　选择股东的正确方式　46

1. 准股东想要什么　　　　　　　　　　　　　46

　　2. 种子股东的 9 种来源　　　　　　　　　　48

　　3. 选择股东的 7 个标准　　　　　　　　　　50

　　4. 选定股东的 5 个步骤　　　　　　　　　　53

　　⊙ 联机学习区：3 个条件，让你选对股东　　55

第二节　为股东进入铺好通路　　　　　　　　　56

　　1. 设计 1 分钟就打动准股东的路演　　　　　56

　　2. 股东进入的 6 个通道　　　　　　　　　　57

　　股事汇　借款出资没分清，"秋后算账"，

　　　　　　4 个问题淡然问，"验明正身"。　　60

第三章　股权落地，首先考虑"系统化"　　64

第一节　股权平分，公司会"牺牲"　　　　　　66

　　1. 害死公司的股权平分　　　　　　　　　　66

　　2. 遇到股东一定要平分股权怎么办　　　　　68

　　⊙ 联机学习区：如何调整已经平分的股权　　69

　　3. 如何选择股东里的老大　　　　　　　　　69

第二节　6+1 股权策划系统　　　　　　　　　　75

　　⊙ 联机学习区：初创团队如何分配股权　　　80

　　股事汇　看"27 雄"纷繁复杂欲争锋，

　　　　　　待聚百洲抽丝剥茧巧解铃。　　　　80

第四章　错误的股权激励方案怎么改？　　　　　　　　90

第一节　股权激励常犯的错误　　　　　　　　　　　　92

　　1. 股权激励的 9 种错误类型　　　　　　　　　　　92

　　⊙ 联机学习区：企业员工高收入的逻辑　　　　　　95

　　2. 股权激励前后常见的错误认知　　　　　　　　　96

　　3. 不同类型的员工要用不同的股权激励策略　　　　99

第二节　股权激励的 5 条原则　　　　　　　　　　　　101

　　1. 平衡为重，上策为买　　　　　　　　　　　　　101

　　⊙ 联机学习区：股权激励应注意的 6 个难题　　　　103

　　2. 符合人性，遵循规律　　　　　　　　　　　　　103

　　3. 引导策略，假定条件　　　　　　　　　　　　　105

　　⊙ 联机学习区：股权员工激励的优缺点　　　　　　110

　　4. 组合运用，效果更佳　　　　　　　　　　　　　114

　　5. 共赢信念，诚恳沟通　　　　　　　　　　　　　114

　　⊙ 联机学习区：股权激励计划对企业的影响　　　　115

第五章　常见的5种股权激励模式　　　　　　　　　　116

第一节　公司好，你才好——分红股　　　　　　　　　118

第二节　严格的激励模式——岗位股　　　　　　　　　120

第三节　需要评估的激励方式——技术股　　　　　　　124

第四节　用成绩说话的激励方式——业绩股　　125

第五节　在职则有，离职则无的激励方式——在职股　　126

　　⊙ 联机学习区：大中型企业的几种股权激励方式　　127

第六章　股权激励的"定海神针"　　128

第一节　定阶段　　130

　　1. 各阶段激励重点不同　　130

　　2. 人数、估值、条件、数量的阶段坐标图　　131

第二节　定目的　　133

　　1. 明确目的，制定策略　　133

　　2. 部门不同，比例也不同　　135

　　3. 利用人才裂变系统可以解决 4 种人力资源难题　　135

第三节　定对象　　137

第四节　定估值　　139

　　1. 市场报价法　　139

　　2. 十倍 PE 法　　141

　　3. 商业模式法　　142

　　4. 资产收益率法　　144

　　5. 现金流量贴现法　　144

　　6. 历史成本法　　145

　　7. 重置成本法　　148

　　⊙ 联机学习区：初创公司估值分析模板　　148

第五节　定价格　　149

  1. 定价格时需要考虑的因素   149

  2. 定价格的关键点和周期   152

  3. 没有定价的股权，员工永远都嫌贵   153

  4. 员工觉得公司股价太贵的解决办法   155

 第六节 定数量   158

  1. 计算数量前要记住的 3 个公式   158

  2. 职位不同，限购数量也要不同   159

  3. 把限购数量变成刺激业绩增长的"兴奋剂"   161

 第七节 定义务   162

  股事汇 发好愿、头脑热，事后反悔，无奈大错已成；
      换位聊、分开谈，巧妙让步，股权岂可讨论。   166

第七章 打造落地股权激励方案的系统秘招   170

 第一节 股权激励策划不能公开的 9 张表格   172

 第二节 股权激励实施的 9 个步骤   176

  1. 做好全面策划   177

  2. 举行见面会   177

  3. 首轮访谈调查   178

  4. 二轮宣讲   178

  5. 三轮洽谈讲解   178

  6. 认购   179

  7. 签约   179

  8. 宣讲期权模式   180

9. 宣讲规则	180
第三节　股权激励执行的 5 个要素	181

第八章　让股权激励有个完美的结局　　186

第一节　违约退出的 10 种情况	188
1. 自愿放弃	189
2. 强制收回	189
3. 协议赔偿	189
4. 按普通投资人计算	190
5. 自愿放弃部分相应权利	190
6. 上市退出	190
7. 转让第三方	191
8. 与其他股东协商转让	191
9. 继承	191
10. 被并购退出	192
第二节　违约后退股的 3 种解决方案	193
1. 人退股不退	193
2. 人不退股退	194
3. 人股都退	198
第三节　期满退出的 11 种方式	199
1. 按投资合作协议退出	200
2. 公司内部估价退出	203
3. 部分退出，部分保留	204

目 录

  4. 按普通投资人计算 204

  5. 自愿放弃部分相应权利 205

  6. 上市退出 205

  7. 转让第三方 206

  8. 与其他股东协商转让 206

  9. 继承 207

  10. 被并购退出 207

  11. 专业的评估公司评估 207

 第四节 退出协议的 12 个要点 209

  1. 错开退出解锁期 210

  2. 培养接班人 210

  3. 第三，禁止退出时间约定 211

  4. 暂除公司债务 211

  5. 债权收回后另行支付 211

  6. 不得挖公司墙角 212

  7. 签订保密协议 212

  8. 签订同行限制协议 212

  9. 不影响公司运营 213

  10. 保证运营资金 213

  11. 重返约定 213

  12. 支付方式 213

  ⊙ 联机学习区：退出协议模板 214

 第五节 退出流程的 6 个步骤 215

后 记 不容小觑的股权激励 218

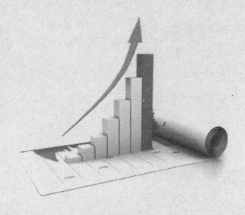

第一章

愿你在股权激励的道路上少走弯路

- 股权是企业的根,也是企业家的"命根"
- 创始人的股权比例需要大于67%
- 新公司的注册资本不要贪多

在企业发展的不同阶段，创始人控制股权的比例也是不一样的。创始阶段，创始人的股权比例需要大于67%；发展阶段，创始人的股权比例需要大于51%；稳定阶段，创始人的股权比例需要大于34%；衰退阶段，创始人的股权比例可以少一些。

第一节

中国中小企业家的股权知识现状

1. 股权——你从未想过的公司的第三种产品

说起"产品"二字,很多企业家脑海中蹦出来的都是具体的实物,我们如果给产品下一个定义,那么它大概是指被人们使用和消费,能够满足顾客某种需求的物品。而大家脑海里的认知,通常指的是产品分类中有形的一类,一般指的是公司生产、销售的物品或能够直接感受到的服务和组合。

除此之外,还有一种产品是很多人没有意识到的——公司本身,公司本身也是一种产品。比如,山东一家公司,从 2010 年成立到 2015 年,这 5 年间连续亏损,从未盈利过,这就导致该公司的很多员工有了离职的倾向。此时,该公司的核心领导人找了一家咨询公司,寻求股权激励的解决办法。显而易见,公司不盈利,员工看不到前景是不会买公司股权的。咨询公司给这家公司做了股权规划后,这家公司的估值达到了 5 000 万元,并且公司的员工都认可这个估值,于是纷纷购买公司的股权。2017 年 6 月,这家公司被万科和保利抢夺并购，估值15亿元，最终这家公司并没有靠卖产品赚钱，却靠卖公司赚了钱。至于这家公司为何会被行业巨头青睐，那属于另一个话题，在此就不赘述了。但是从此案例可看出，公司本身也是一种产品。

相较于公司本身，股权这类产品更容易被人忽视。公司的股权可以出售，出售股权能让公司获利，而且利润不一定比出售其他产品低。比如，2017年8月，一家公司在深圳投资200万元，购买了一家互联网公司4%的股权，这家互联网公司的估值是5 000万元。同年11月，北京一家风投公司投资1 000万元，购买了这家互联网公司2%的股权，这时该互联网公司的估值是5亿元。从5 000万元到5亿元，短短4个月的时间，这家公司的估值上涨至原来的10倍，同时通过出售6%的股权获得大量现金。由此可见，出售股权也能给公司带来巨额现金收益。

2. 股权是企业的根，也是企业家的"命根"

关于股权，企业家或企业管理者首先要了解其内涵。从法律的角度来看，股权是指股东对投资公司所享有的人身和财产的权益。从更深层次挖掘，我们可以将企业比喻成一棵大树。如果这棵树枝繁叶茂，则代表这棵树很健康。如果这棵树出现枯枝败叶，一般情况下可判定，这棵树有病在身，只有找到病根才能根治。

同样，对于企业来说，它的"根"是最重要的，那么企业的"根"在哪里呢？企业是由一个人或几个人创立的，源于一个机会或者想法,创始人为了实现既定的目标,把人力和物力投入进来,一起努力。人手不足时,再招员工,整合市场各种资源,将企业做大。由此可见,企业的"根"在创始人,创始人之间的关系就是股权。

股权既是企业的"根",也是企业家的"命根"。

很多人认为,股权不是企业的"根",因为很多企业是由于资金流断裂导致的破产,资金流才是企业的"根"。其实,资金流断裂只是表象。假如现在有一家企业快倒闭了,但这家企业所有的高管、股东,甚至所有的员工,都因为合理的股权规划,抱成一团,拧成一股绳,积极想办法、出奇招,通常情况下,企业都能渡过难关。相反,一家企业的资金流再好,利润再多,业绩再高,但是股东和高管尔虞我诈、同室操戈,企业最后也会走向灭亡。所以,股权才是企业真正的"根"。

同样,股权也是企业家的"命根"。如果企业家对股权弃之不顾,那就是把"根"废掉了;如果企业家觉得股权是鸡肋,自己有点儿股权就行,那么当有风投的时候,企业家可能会卖出大部分股权,公司一进入低谷状态,公司的控制权可能就被没收了,企业家非常有可能被迫离开自己创造的企业。大到新浪、国美等,小到我们身边的诸多创业公司,类似现象屡见不鲜,甚至为此还有一种"辛苦养大的孩子叫别人爹"的戏谑说法。由此可见,管好自己的"命根"才是企业家最重要的事情。

· 联机学习区 ·

扫描右侧二维码,看看其他企业家在股权认知上都有过哪些遗憾甚至无奈的错误,或许这些错误能给您一些警醒。

3. 我送给你的是50万股,可不是公司5%的股权

2014年,珠海一个老板的公司被自己的高管告上了法庭。原来,在2002年,也就是公司成立之初,这位老板属于"四无"人士:一无太多资金,二无背景,三无品牌,四无实力。为了留住公司的核心员工,他送了一些股权给员工,其中包括给一个主管(控告公司的高管)送了5%的股权,并写了一张小纸条,写明了对这位主管的欣赏及赠送5%股权,整张小纸条上的字不超过3行。

至2014年,公司发展到一定规模,这时有人鼓动公司上新三板。公司上下特别激动,聘请了律师协商、辅导、梳理企业。在梳理过程中,律师自然而然地梳理到公司所有权。但是,要想公司所有权清晰,则必须股权清晰。

等公司的股权被梳理清晰后,在公布栏里,这位高管看到他的股权变成了1.75%。他气冲冲地质问老板,说他记得清清楚楚,当初送给他的是5%的股权。老板很无奈地告诉他,多年来,公司进行了四轮增资,增资之后股权肯定会被稀释,这是很正常的现象。

但这样的解释并不足以让这位高管接受,即使老板再三解释也

没用。老板只好请来专家跟他解决。专家对这位高管说，公司在增资的时候，作为老股东，没有跟着投资，那么持股比例会被同比例稀释，但股权价值并没有因此变少。

这位高管说，他不懂增资、增资稀释股权。老板在12年前讲得很清楚，写得也很清楚，送给他的是5%的股权，今天却变成了1.75%。无论专家怎么跟他解释，他都听不进去。

这位高管的同学刚好是一名律师，这位同学觉得高管被人侵害了权益，建议高管直接把公司告上法庭，他免费帮忙打官司。没过多久，他们真把公司告上了法庭。在上市运作的过程中，公司如果遇到这种诉讼，上市之路肯定会遭到阻拦。于是，这家公司努力了12年的上市梦想破灭了。

接下来，我们深度分析一下上面的案例，首先需要弄清两个要点。

第一点，这位高管说他不懂增资会稀释股权，有可能是真的，很多老板都不懂增资的游戏规则，何况一个高管呢？

第二点，这位高管说得可能是假话，毕竟5%和1.75%中间相差了3.25%，按照公司当时的估值1.5亿元计算，3.25%的股权相当于487.5万元，是近500万元的资金，是数目很大的一笔钱。如果这位高管成功地拿到3.25%的股权，对公司其他高管是不公平的。在这件事上，有员工自己的责任，但企业管理者也要承担相应的责任。

·联机学习区·

如果你是上述案例中的老板,你会怎么办?扫描二维码,听听周继程老师提供给你的解决方法。

第二节

需要赶紧补上的股权课

1. 企业的8条股权生命线

在企业发展的不同阶段,创始人控制股权的比例也是不一样的。企业发展的过程可以分为 4 个阶段,即创始阶段、发展阶段、稳定阶段和衰退阶段。

创始阶段,创始人的股权比例需要大于 67%。

发展阶段,创始人的股权比例需要大于 51%。

稳定阶段,创始人的股权比例需要大于 34%。

衰退阶段,创始人的股权比例可以少一点儿。

这些数字的来源是有法律依据的,我们将其扩展后可以得到股权的 8 条基本线。

在创始阶段,创始人的股权比例为什么要大于 67% 呢?因为创始阶段的企业属于小企业。刚刚起步的小企业,凭借什么和大企业竞争?不是钱、人、资源的问题,而是发展速度的问题。要想发展速度快,就要集权。根据《公司法》第四十三条规定,我们可以理解为 2/3 以上股权可以决定公司很多重大的事情。在发展阶段，要保证大方向不偏移，创始人就要控制 51% 以上的股权。在稳定阶段，创始人要保证自己不被"踢出局"，需要持有 34% 以上的股权。在衰退阶段，创始人持有少部分股权即可。

第一条线是绝对控制权，股权比例为 67%。

持有 67% 的股权可以对公司的重大决策进行表决。《公司法》第四十三条明确规定："股东会会议作出修改公司章程、增加或者减少注册资本的决议，以及公司合并、分立、解散或者变更公司形式的决议，必须经代表三分之二以上表决权的股东通过。"第一百二十一条规定"上市公司在一年内购买、出售重大资产或者担保金额超过公司资产总额百分之三十……"一共 8 个方面需要 2/3 以上的股东通过。2/3 是 66.6667%，约等于 67%。

除了以上方面，还有两个方面的问题可以由大股东决定。第一，变更公司主营业务。比如，公司现在是做服装生产，想调整主营业务的方向为餐饮或其他，要 2/3 的股东通过。第二，变更实际控制人。变更公司的大股东，同样至少需要 2/3 的股东通过。

第二条线是相对控制权，股权比例为 51%。

51% 的股权可以对公司的一般决议事项进行表决。公司的一般决议事项太多了。《公司法》第七十一条规定："股东向股东以外的人转让股权，应当经其他股东过半数同意。"《公司法》第一百零三条规定："股东大会作出决议，必须经出席会议的股东所持表决权过半数通过。"因此，持有 51% 的股权很重要。

第三条线是一票否决权，股权比例是 34%。

公司重要问题需要 2/3 的股东通过，而 34% 刚好超过了 1/3，其他股东的票数达不到 2/3，所以只要拥有 34% 股权的股东投反对票，股东决议便不能通过。

第四条线是要约收购权，股权比例是 30%。

这主要是在上市公司并购的时候有用，当一个人或者一个单位的持股比例达到 30% 时，便会触发要约收购。

第五条线是临时会议权，股权比例是 10%。

《公司法》第三十九条规定："代表十分之一以上表决权的股东，三分之一以上的董事，监事会或者不设监事会的公司的监事提议召开临时会议的，应当召开临时会议。"所以，企业在做股权激励时，股权比例一般被控制在 10% 以内，这条线很关键。

第六条线是重大股权变动权，股权比例是 5%。

全世界 80% 以上的证券交易所和投资机构都认定，5% 以上的股权变动即视为重大股权变动，可能会影响公司的持续性经营。

第七条线是临时提案权，股权比例是 3%。

《公司法》第一百零二条规定："单独或者合计持有公司百分之三以上股份的股东，可以在股东大会召开十日前提出临时提案并书面提交董事会；董事会应当在收到提案后二日内通知其他股东，并将该临时提案提交股东大会审议。"拥有 3% 股权的股东具有明显的话语权。

第八条线是代表诉讼权，股权比例是 1%。

《公司法》第一百五十一条第一款、第二款规定："董事、高级管理人员有本法第一百四十九条规定的情形的,有限责任公司的股东、股份有限公司连续一百八十日以上单独或者合计持有公司百分之一以上股份的股东,可以书面请求监事会或者不设监事会的有限责任公司的监事向人民法院提起诉讼；监事有本法第一百四十九条规定的情形的,前述股东可以书面请求董事会或者不设董事会的有限责任公司的执行董事向人民法院提起诉讼。

"监事会、不设监事会的有限责任公司的监事,或者董事会、执行董事收到前款规定的股东书面请求后拒绝提起诉讼,或者自收到请求之日起三十日内未提起诉讼,或者情况紧急、不立即提起诉讼将会使公司利益受到难以弥补的损害的,前款规定的股东有权为了公司的利益以自己的名义直接向人民法院提起诉讼。"

第一百四十九条规定："董事、监事、高级管理人员执行公司职务时违反法律、行政法规或者公司章程的规定,给公司造成损失的,应当承担赔偿责任。"持有1%以上股份,并且成为股东180天以上的人可以代表公司向人民法院提起诉讼。

某个公司的小股东,只有1.5%的股权。公司管理层开会讨论一个5 000万元的投资项目,小股东个人觉得这个项目是有问题的,提出了异议,但其他人不听,还是一意孤行地去投资。此时,小股东便可以行使代表诉讼权。根据《公司法》第一百四十九条、第一百五十一条规定,书面请求监事会,提起诉讼。如果监事会拒绝,情况紧急,不起诉将危及公司利益,股东可以个人名义代表公司向人民法院提起诉讼。

如果公司的某个股东只持有1%股权,但已成为股东180天,发现公司的董事损害了公司利益,那么这个股东可以请求监事制止董事的行为,或者起诉公司的董事。如果监事 30 天之内不予以制止,这个股东就可以个人的名义,代表公司向法院起诉损害公司利益的人。这个 1% 和 180 天的条件,仅限于股份有限公司。有限责任公司不需要持股 1%,持有 0.2% 或 0.1% 股权的股东也可以,只要是股东,就能以个人名义代表公司行使代表诉讼权,也不需要持股 180 天。

股权的 8 条生命线如图 1-1 所示。

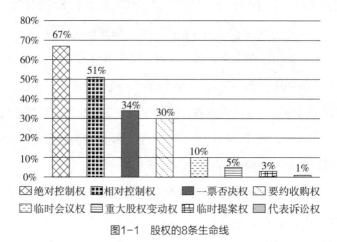

图1-1　股权的8条生命线

· 联机学习区 ·

扫描右侧二维码,听周老师告诉您,如何控制股权,避免股权被悄悄偷走。

2. 股东必须知晓的相关权利

我们从《公司法》及相关法律中摘出了股东核心的 20 个权利，从法律受限制的角度来看，可分成两大类：一类是固有权，另一类是非固有权。顾名思义，固有权是未经股东本人同意不得强制和剥夺的权利。非固有权，是可以剥夺、限制的权利。

固有权包括知情权、分红权、表决权、选举权、被选举权、经营权、质询权、建议权、剩余资产分配权、资产收益权。这些权利会让股东会决议无效。例如，公司召开股东会，可张三没有知情权，李四没有分红权，王五没有表决权，那么这样的股东大会决议就无效，没有人能强制和剥夺股东应有的权利。

比如表决权，谁也不能强制剥夺别人的表决权。虽然这些权利不可以被剥夺，但可以被委托。有的股东只是投资了一部分资金，既不专业，也不懂公司的情况，此时就可以采用委托形式。股东可以作为乙方，写一个委托书，把委托书附在合同中，内容可以这样写：由于乙方事务繁忙，因此将其持有的股权相对应的表决权委托给甲方，委托时间为股东关系存续期间，本条款为不可撤销、不可变更条款。

非固有权包括转让权、退出权、任命权、优先清算权、优先认购权、优先转让权。非固有权可以约定限制，比如，约定某股东不具备股权转让权，或者约定所有股东的权利在三年之内不得转让给任何第三方，大股东具有优先认购权，小股东具有优先转让权。

临时会议权、代表诉讼权、调查权、决议撤销权、诉讼权，不属于固有权，也不属于非固有权。符合条件时就是固有权，不符合条件时就是非固有权。

关于临时会议权，股权的8条生命线中，临时会议权要持有10%以上的股权，因此持有10%以下股权的就没有固有权。代表诉讼权需持有1%以上股权，并连续成为股东180天以上。要起诉的股东，如果证据确凿，就拥有代表诉讼权，否则就没有。关于调查权，如果公司确实有特殊的原因需要启动调查，那么股东可以调查；如果没有什么特殊的理由，调查权就是非固有权。

股东核心权力如表1-1所示。

表1-1 股东权利一览表

固有权	条件性权利	非固有权
知情权、分红权、表决权、选举权、被选举权、经营权、质询权、建议权、剩余资产分配权、资产收益权	临时会议权、代表诉讼权、调查权、决议撤销权、诉讼权	转让权、退出权、任命权、优先清算权、优先认购权、优先转让权

表决权是股东非常重要的权利之一，常见的表决权分为两种方式。第一种是一股一票制，即有1股就有1票。比如，公司总共1 000万股，那么拥有550万股的股东对应550万票。第二种是累计投票制，即将大多数股东的表决权集中在少数人身上进行表决。大多数股东指的是小股东，少数人指的是董事，这样一来，小股东便

有机会进入董事会。累计投票制只适用于股份有限公司选举董事和监事的情况下。

股东会和董事会的表决方式是不一样的。股东会是一股一票制，持股51%的大股东说了算。而公司的董事会则完全不一样，它是一人一票制。比如，董事会有5个人，即使老板占了80%的股权，在董事会上他也只占一席，不能做最终决策，因为另外4个人也是每人占一席，5个人的身份是对等的。

> 如果公司没有董事会，那么作为大股东的老板千万别急着成立董事会，因为成立董事会后，大股东的权利就会变小。等公司价值5亿元、10亿元，做大、做强之后再成立董事会也不晚。如果没有董事会，所有的事情将由老板来决策，而这种情况更适合中小企业发展。

股东非常重要的权利之一是知情权。提到知情权，大家的第一反应应该是查账，但是知情权不仅包括查账，还包括以下两方面。

第一，知晓表决内容。股东可以从通过的决议中知晓股东会的内容。

第二，知晓会期。应让股东知晓股东会召开的时间。《公司法》第四十一条规定，召开股东会会议，应当于会议召开十五日前通知全体股东。但《公司法》又补充了一条，公司章程另有规定或全体股东另有约定的除外。开会通知时间可以约定为提前7天或10天。

如果公司章程规定,开会时间需要提前10天通知股东,但公司没按照规定提前通知某股东,导致该股东没有参加股东会议,那么股东会议通过的决议,没参加的这位股东便可以要求撤销。

股东还有一项非常重要的权利,那就是调查权。关于调查权,有以下五点需要注意。

第一,调查的内容有6个:查阅公司章程、股东会决议、董事会决议、监事会决议、股东名册、财务核心报告。这是有限责任公司股东调查权的范围,股份有限公司还可以多查一项内容,即公司的债券存根。

第二,股东不在公司、不参与公司经营也可以查阅,同业竞争除外。《公司法》第三十三条规定:"股东有权查阅、复制公司章程、股东会会议记录、董事会会议决议、监事会会议决议和财务会计报告。股东可以要求查阅公司会计账簿。股东要求查阅公司会计账簿的,应当向公司提出书面请求,说明目的。公司有合理根据认为股东查阅会计账簿有不正当目的,可能损害公司合法利益的,可以拒绝提供查阅,并应当自股东提出书面请求之日起十五日内书面答复股东并说明理由。公司拒绝提供查阅的,股东可以请求人民法院要求公司提供查阅。"

第三,股东可以委托他人查阅。如果公司老板不想让他人查阅,可以拒绝,但股东有权利去法院起诉。法院通常会要求找一个双方共同认识的人来查阅。如果双方找不到这个人,法院可以指派。

第四,不具有股东身份的人不具备查账资格。《公司法》规定,行使知情权应具备股东身份,如果被起诉的公司能提供证明原告已经不具备股东身份的证据，那么法院会驳回股东的请求。

第五，公司可以拒绝违法的股东查阅。《公司法》司法解释三中有这样一个解释，违法或者违反公司原则的股东，公司可以做出相应的限制，不让他查阅相关文件。即使他去法院起诉，法院也不予支持。

如果某股东违反公司章程，那么该股东的请求无效，公司可以对该股东进行合理限制。定义务和约定非常关键，如果公司前期没约定好，很多事情就无法清晰。对于违法的股东，公司还好处理，毕竟有法可依，但对于违反公司原则的股东就不太好处理了。正所谓"国有国法，家有家规"，公司可以通过讨论来制定持股原则。比如，不能挪用公款，不能泄露公司机密，不能搞同业竞争，不能贪污受贿等，然后通过讨论最终确定下来。最终确定的原则是股东坚决不能违反的，可以事先约定惩处办法，如违反了原则要净身出户等。

即使公司只有一个股东，也要制定好原则，即前人制定规矩，后人执行。比如，老板总结出十大持股原则，把这个原则作为将来其他人入股的条件，如果对方不同意，则不能入股。有人觉得这样做，准股东还没入股，就会被吓跑，这会把很多股东挡在"门外"。但如果老板不能坚持原则，让一个不愿意遵守持股原则的人进来，那很可能会给公司带来一定的麻烦。所以，制定好持股原则非常有必要。

3. 不同阶段股权的市盈率有规律可循

在股权交易中，企业通过出售股权盈利或增值，关键要注意以下两点：第一，卖对时间，一定要抓住时机，低买高卖；第二，卖对人，要考虑卖给什么人最合适。卖对人是股权运转中企业一直要考虑的事情，也是企业股权盈利重要的组成部分。

在通过出售股权、运作股权来整合资源的过程中，中小企业必须了解股权的运转规律。就像进入一个新行业，要了解该行业的产业链，从哪里进货，卖到哪里。

股权的整条产品链分为10个阶段，或者说10个节点。当了解了这10个节点以后，就能知道怎样把手里股票的价值最大化了。

第一个节点是创始团队，初始值为1。创始团队会拿出一部分股权，按照市盈率（市盈率＝每股市值÷每股盈利）3～6倍的估值来计算，出售给天使投资。

第二个节点是天使投资。天使投资人关注的是创业团队。天使投资买了某公司的股权，一般不会卖给该公司的员工，而会卖给风险投资人。

第三个节点是风险投资（Venture Capital，VC），到了VC这一步，一般市盈率为6～9倍。VC投资人会更多地关注企业的长期盈利能力。VC投资人为了获得足够的利益，会将股权卖给私募股权投资人。

第四个节点是私募股权投资（Private Equity，PE），一般市盈率为 9～12 倍。PE 投资人侧重于在企业的高速成长阶段投资。PE 投资人为了获利，会把股权卖给首次公开募股承销商。

第五个节点是首次公开募股（Initial Public Offerings，IPO）承销，IPO 承销商是对外销售 IPO 股份的机构，一般 IPO 承销商的市盈率为 25 倍。IPO 承销商为了获取更多的利益，会把股票卖给新股民。

第六个节点是新股民，市盈率为 40 倍。新股民为了获利，直接将其持有的股票转手卖给股民。

第七个节点是股民，市盈率为 50 倍。股民买了公司的股票以后，不会期待从这家公司分红。如果靠分红，有可能一辈子追不回本，所以股民要靠增值。

如果股民卖不掉这只股票，没新股民接盘，这只股票就会跌停。如果长期跌停，那么这家上市公司很可能走向破产。上市公司的老板为了防止破产，会寻求兼并重组，引进新的团队。

第八个节点是新团队重组，市盈率为 30 倍。这个时候，新团队需要购买套牢的股票，因为要重新盘活，再卖给股民。

第九个节点是股民一，市盈率为 60 倍，股民一再卖给股民二。

第十个节点是股民二，市盈率为 50 倍。但是终有一天，一定会有股民卖不掉手里的股票。这就好比击鼓传花，鼓声停止，花落谁家，谁埋单。

股权命运 10 个节点如表 1-2 所示。

表1-2 股权命运10个节点

阶段	股权状态	市盈率（倍）
1	创始团队	1
2	天使投资	3～6
3	VC 投资	6～9
4	PE 投资	9～12
5	IPO 承销	25
6	新股民	40
7	股民	50
8	新团队重组	30
9	股民一	60
10	股民二	50

4. 股权设计不合理所导致的9种结果

股权生于创始团队，死于股民，这是正常的股权设计。那么，所有公司的股权都有机会死于股民吗？并不是。99.99%的公司股权是没有机会死于股民的，而是死于创始团队。可以想象一下，如果创始团队到最后连天使投资的手都没"摸"到，这会是多么遗憾的事情。

股权设计不合理的9种结果，如图1-2所示。

哥们儿变成仇人	后进人才没有股权进不来	影响上市
养大的"儿子"叫别人"爹"	工作效率低	失去融资能力
同床异梦、同室操戈	失去合作机会	再好的项目也没有前途

图1-2　股权设计不合理的9种结果

第一种结果，哥们儿变仇人。

例如，两个哥们儿因为一个相同的点子去创业，他们关系特别好，凡事都有商有量，公司的股权两个人各一半。两个人的性格，一个快，一个慢；一个是做技术的，一个是做内容的。当两个人的意见不一致时，就会发生巨大的冲突，对公司贡献大的一方会怨气冲天。协商最后两个人意见仍无法达成一致，公司就会陷入僵局，甚至直接"散伙"，两个人也可能因此成了仇人。

第二种结果，养大的"儿子"叫别人"爹"。

例如，某公司创始人对股权没有概念，他的工作重心放在了公司管理上，于是只留了一小部分股权在自己手里，其余股权要么做了股权激励，要么卖给了风投。有一次，公司因为创始人的决策失误出现了困局，创始人直接被"踢"出了公司管理层。没多久公司就被一家大型集团收购了，公司名字也被改了。

第三种结果，同床异梦、同室操戈。

例如，有一家族企业，老板一直想给老大大股东地位，虽然老二的经商头脑明显优于老大，但是老板出于私心依旧要将大部分股权分给老大。于是老二开始想办法排挤老大，最后演变成了一场家族战争，企业因此受到了波及。

第四种结果,后进人才没有股权进不来。

例如,当公司的股权构架很完备的时候,创始团队发现商业模式出现了问题,需要引入某方面的人才。但是这样的人才对工资已经没有很大的期望值,因为他的工资已经达到同类职位的顶峰。这时候如果没有股权,是很难引进人才的,但公司此时已经没有多余的股权可以拿出来了。

第五种结果,工作效率低。

公司规模越来越大,对员工的要求也会越来越多。当一些高管拿到了比较丰厚的收入,此时的收入已经无法满足他们的时候,公司如果不制定好的股权激励政策,这部分人的工作效率肯定不会高。

第六种结果,失去合作机会。

当其他公司要求股权合作的时候,公司的股东如果不愿意拿出股份来合作,那么可以通过增资扩股的方式来操作。但是如果董事会不通过增资扩股提案,那么最后也会失去跟其他公司合作的机会。

第七种结果,影响上市。

公司股权不清晰,股权构架糟糕,会导致各投资方进不来。即使投资方侥幸加入了进来,不清晰的股权也会阻挡公司将来上市的脚步。

第八种结果,失去融资能力。

风投发现公司的效益不错,想投资,但是如果发现公司的股权比例是5:5,投资风险比较大取消投资,这家公司就失去了融资的能力。

第九种结果,再好的项目也没有前途。

在公司股权不清晰的情况下，再好的项目也不会有人投资，因为投资人怕亏本。另外，即使有人投资，由于公司股权不清晰，会为公司带来很多不确定性，后续也不会有人继续投资，项目依然没有前途。

总之，股权死于创始团队的原因是股权结构不合理。

· 联机学习区 ·

扫描右侧二维码，直接下载由聚百洲专业律师团为您起草的公司章程模板。

【股事汇】 错误认知认缴制，麻烦无穷大。
注册资本别贪多，转圜留空间。

关于注册公司，有人认为，现在是认缴制，不用实际缴纳，注册公司时，注册资金可以多写一点。千万不要认为认缴制可以随便写注册资金。

深圳有一个公司，于2013年成立，那个时候认缴制刚推出。公司成立时，老板去问了帮他代办注册公司的人，注册资本应该写多少。代办人说，现在实行认缴制，数目可以写大一点，注册资金越多，给人的感觉越厉害，最后这个公司的注册资金写了1亿元。

老板从身边的亲戚朋友处挪借了500多万元，用来启动公司项目,这笔钱既没拿到公司报销,也没拿去做账,因为他觉得公司是自己的,没必要算太清。其实,这种做法对于规范公司财务是非常不利的,即便是老板的开支也得正常报销。

公司运营初期,老板送了四个员工每人5%的股权,并且在办理工商注册的时候,一并登记上了。半年后,有两个投资人投给公司500万元,占了10%的股权。2015年年底,有人动员他们去上新三板。股东立即请来了会计师、律师、券商梳理企业。梳理之后,专家告诉他们,公司上不了新三板,因为实出资本有假。

专家给出的解决方案就是投资人把注册资金出实,把公司好好地规范一下。也就是说,两个投资人再补500万元。

第二天早上,两个投资人把500万元打了进来,然后让四个员工将出资补全,公司要上市。这四个员工每人要出500万元,一共是2 000万元。这四个员工听后,十分不满,他们认为股权是当时老板承诺送他们的,不应该再让他们出钱。专家建议老板帮他们补全出资,可实际上老板自己的70%股权需要补的资金还没着落呢,70%股权需要7 000万元。

送股权等于送钱,老板不愿意出这些钱。员工觉得被耍了,认为老板说话不算话,索性"三十六计,走为上计",直接辞职,工商登记也不配合变更。后来经过多次协商,他们才把工商登记变更过来。这时,这个出资任务归了老板。两个投资人让老板赶紧出资。老板说自己只有500万元，而且公司成立之初已经出过500万元。两个投资人让老板拿出出资的凭证以便查证。结果他只找到了220万元的凭证，有280万元的凭证始终找不到。既然找不到凭证，两个投资人不承认这280万元的投资，这280万元就变成了捐赠。所以加上追加的500万元，老板的账面实际出资为720万元。

这个老板没什么无形资产，虽然可以找个垫资公司把钱打进去，但这就变成抽逃出资了，抽逃出资按照规定上不了新三板。如今唯一的办法只有减资，于是他们开会商量减资。具体减多少，投资人说了算。因为投资人出了1 000万元，老板只出了220万元，还有500万元没到账。

《公司法》第四十二条明确规定："股东会会议由股东按照出资比例行使表决权；但是，公司章程另有规定的除外。"投资人的出资比例高，而且公司章程没有另做约定，只能遵照《公司法》。虽然只占10%的股权，但真正的大股东已然是投资人。他们决定减资到3 000万元。1 000万元占3 000万元注册资本的33.3%。老板投了720万元，只能占24%的股份，还有42.7%的注册资本没有着落。这时候老板已经没有钱了，投资人找了一个同行投资1 280万元，拿到了42.7%的股权。最后，老板还是迷迷糊糊的，工商登记已经变了，老板成了"打酱油的行人"。

他冷静以后发现不对，就找投资人理论，人家已经不理他了。他只能找咨询公司解决，但此时"生米已经煮成熟饭"，中间环节全部是按照法律程序走的，没有任何漏洞，所以他也只能认命了。

假如这位老板提前学习了股权的公开课，学会了计算股权的价值，在投资人还没有投资的时候找咨询公司做一个股权落地策划，也许就能避免后面的麻烦事了。我们来看看，怎样才能避免发生这种情况。

公司的注册资金不是越多越好，能少则少，上述情况500万元就够了。500万元的注册资本是实际出资，把账做好。他已经送了20%股权给员工，送了以后，员工的出资义务是100万元，每个人25万元。这时老板可以让他们每人出10万元，剩余的由老板补齐。退一万步讲，他们若实在不愿意出10万元，可以由咨询公司出面，跟他们好好谈谈，"你们老板对你们多好，送你们每个人25万元，一共送了你们100万元现金，帮你们出资了。所以你们要知恩图报，好好工作，要承诺在公司工作8年以上，必须完成任务。"这样算下来，相当于8年25万元，每人每年多发3.125万元，每个月多发2600多元的工资。

两个投资人投500万元，占10%的股权。这样分配股权的原因可以从股权的来源理解，股权的来源常见的有5个：公司成立、预留和认购、股权转让、定向增资、公开发行。

对目前公司的股权进行分析可知，公司已经成立，预留股已用完，股权转让的资金被老股东拿走了，公司将没钱发展，所以要用第四个来源——定向增资。

定向增资怎么增？投资人要10%的股权，大约要增加55万元的注册资金，卖给投资人500万元。增资后，公司总注册资本金变成了555万元。投资人将55万元支付到公司的实收资本账户，将剩余的445万元支付到公司的资本公积金账户。

合同怎么写？如果投资人是乙方，写成：乙方投资500万元，认购公司新增注册资本金55万元，乙方将55万元支付到公司的实收资本账户，将剩余的445万元支付到公司的资本公积金账户。

资本公积金有两大用途：促进公司发展，转增注册资本。资本公积金是属于所有股东的权益，转增的时候应该按照持股比例摊到股东的头上。具体操作如下。

老股东占90%的股权，要摊400万元。投资人占10%股权，摊45万元。摊完以后，把比例算一下，老股东原来的注册资本是500万元，现在总注册资本为400万元加500万元。投资人原来的注册资本是55万元，现在总注册资本为45万元加55万元。最后公司总注册资本变成了1 000万元，老股东900万元的注册资本依然占新的注册资本90%，投资人还是占10%，没有变化。

有人问，投资人会同意吗？投资人肯定会同意，1亿元的注册资本，他们愿意投资500万元占10%，现在自然也愿意投资500万元占10%，投资比例没变化。不管公司注册资本是1亿元还是500万元，公司实际运作的钱是500万元。运作的成果是一样的，公司的估值也是一样的。

公司的注册资本少了不行，多了也不行，是多是少要看老板的目的是什么，保证金额合理就行。

回到上文中员工出资的问题上，如果老板不愿意替员工出那100万元，员工也没钱，那就减资，减到更少、更适合的数额。比如，上文提到的案例，他公司的注册资本是500万元，他当时送了公司员工20%的股权，相当于送了100万元。后来他发现了这个问题，让员工出钱，员工觉得这太离谱了，不同意这么做。这时老板可以把注册资本减到了100万元，员工出5万元就行了。他再跟员工说明，他在公司实际上也投了将近500万元，股权激励后，他变成了公司的大股东，把这些钱全部变成借款，借钱给公司，约定好利息。

我们用数字来解答。比如，公司注册资本是100万元，20%就是20万元，4个员工每人需出资5万元。员工没钱，老板可以帮忙出资。公司发展再需要增资时，员工跟投，可以按照比例增资。如果增资400万元，可以约定该400万元作为公司借款，并且约定好利息，也可以不考虑利息，约定好公司赚了钱以后，先还债再分红。之后引风投进来，再投 500 万元，注册资本就变成了 1 000 万元。

周老师提醒

投资人会不会投资这个问题，不取决于公司的注册资本是多少，而是取决于项目本身的价值。比如，最近几年风头正盛的某品牌共享单车。最早注册资本只有 38 万元。后来它的估值到了 10 亿元。假如有人投 1 亿元，占 10% 的股权，那么这 1 亿元该怎样分配呢？这家企业会定增，如定增后的注册资金为 42.2 万元，则 1 亿元中，42 000 元给到注册资本，剩下 99 958 000 元进入资本公积金。投资人会不会同意呢？不用担心，如果他不同意，还有很多人抢着要投资。

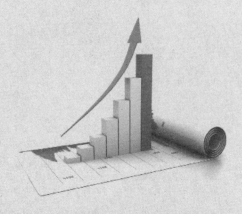

第二章

股东选不好，企业早晚倒

- 有一种投资人特别不想要分红
- "类夫妻"是理想的合作伙伴种类
- 出资是股东的天职

有一种投资人并不希望企业过早分红，他们更在意的是企业的增值速度。他们通过企业增值后卖出股份的方式来获取利润，他们就是专业投资人。

"类夫妻"是指公司大股东是一男一女，大家有共同的目标，相互仰慕、相互佩服，共同完成一项使命，做一份事业。"类夫妻"既有夫妻高效默契的配合度，同时又避免了家庭因素的干扰，是最佳的合作伙伴。

股权的核心特点是出资，出资是股东的天职。股东要投资，无论是技术股、岗位股，都需要出资，比如，以专利、技术入股。

第一节

选择股东的正确方式

1. 准股东想要什么

一般来说，准股东——投资人，想要的是投资回报。投资回报由三个要素构成：第一个要素是投资回报率，第二个要素是投资回报周期，第三个要素是投资安全系数。那么怎样描述才会让投资人觉得你的项目可行性很高呢？

如果项目发起人说自己的项目100%没有风险，那么投资人肯定会认为他是骗子。为了避免这种情况，项目发起人一定要把风险客观地告知对方，绝不能为了体现项目很好，就夸大地说100%没有风险。其实投资方最想看到的是你制订的风险管控措施。

例如，当你描述项目时，是这么描述的："我们这个行业，有以下常见的十大类风险……针对这十大类风险，我们做了30个风险防范措施，分别是……"投资人听后一定会为你的周密考量而鼓掌。

投资人想要的投资回报有两种常见的体现方式，分别是分红、增值。

第一种投资回报方式——分红，是第一种投资人（即非专业的天使投资人）所喜欢的，也是大家最容易接受的投资回报方式，但并不是所有的分红都会令投资人高兴。

举个例子，2014年年底，有一家公司开了股东大会之后，就开始分红。几乎每个得到分红的股东都很开心，只有一个股东例外。后来股东在分享各自心情时，他说道："不是所有的投资人都希望得到公司的分红。"大家很惊讶，难道有分红还不开心吗？接下来他的一句话让大家认识到了投资人的不同，他说："我们把钱都分了，那公司接下来该怎么发展呢？"这样的人属于第二种投资人，他们被称为专业投资人。

专业投资人不在乎分红，他们在乎的是第二种投资回报方式——增值，增值＝卖出价－买进价。比如，有家公司的股价现在是1元/股，投资人投入100万元，买了100万股。在公司老板苦心经营之下，3年后，股价从1元/股涨到10元/股。如果投资人把股权卖掉，单价10元减去1元，这9元就是单股的增值，9（元/股）×100万股＝900万元，这900万元就是增值。

第三种投资人叫互投天使。互投天使想要的是附加值。互投天使不在乎分红多少，也不在乎增值多少，在乎的是附加值。附加值是钱以外的东西，其中一种很常见的附加值就是做股权激励，解决员工说的股权贵的问题。互投以后，股东不会期待对方的分红，他们更期待自己企业股权定价的提升，员工购买股权意愿度的提高，期待员工更积极地参与进来。钱在哪里，心就在哪里，公司业绩上升，利润上升，这就是附加值，是老板想要的结果。

2. 种子股东的9种来源

常见的股东来源有9种，分别是同好、同学、同事、同族、同根、师生、父子、夫妻、类夫妻，如图2-1所示。大家了解这9种股东来源之后，就能了解去哪里寻找股东了。

图2-1　9种股东来源

很多人一起开公司是因为同好，有共同爱好的朋友才能一起做生意。比如，两个人都喜欢喝酒，一起开一个酒庄；两个人都爱美，一起开一个美容院；两个人都喜欢小朋友，一起开一所幼儿园。这就是因共同爱好开的公司，有共同爱好是合作的基础。

同好不如同学。一个老师教出来的学生，价值观相同或相近。比如，一起学股权激励的同学进行合作，会比与其他股东合作相对更稳固。前者懂得股权不能平分，知道"少就是多，多就是少"的道理，还知道大股东的义务、小股东的义务等，他们的价值观是统一的。

同学虽然很好，但同学不如同事。同事曾在一起共事，大家更了解对方的底细，了解彼此的性格。

同事不如同族，因为前面三种合作伙伴，如果出现分歧，可能会闹得一辈子不见面。同族至少每年祭祖还要见一次。

同族不如同根，同根是指兄弟姐妹。兄弟姐妹本是同根生，打断骨头连着筋。虽然兄弟姐妹能在一起合作更好，但必须要基于同好的基础，要有共同志向才行。

同根不如师生，老师和学生合作会更稳固。学生是老师教出来的，价值观统一。另外，中国人讲究尊师重道，所以关系更稳固。

师生不如父子，前面提到的合作的人都有可能相争，而父子合作就不太可能争了。儿子不需要争，因为在中国的传统观念中，父母所有的财产迟早都是儿子的。

当然，也不绝对，万一有兄弟姐妹，情况就不同了。所以，父子不如夫妻，夫妻就没有必要争了，争来争去都是自己家的。除此以外，夫妻是所有合作伙伴中效率最高的。夫妻白天在公司工作，晚上回家还可以工作，睡前也可以讨论。

"类夫妻"是指公司大股东是一男一女，大家有共同的目标，相互仰慕、相互佩服，共同完成一项使命，做一份事业。"类夫妻"既有夫妻高效默契的配合度，同时又避免了家庭因素的干扰，是最佳的合作伙伴。

上述所有的合作伙伴都要有共同爱好、共同使命，还要有共同的高度和格局，这样才能合作，否则就算是夫妻、兄弟也无法合作。所以，这9种股东，如果都是建立在共同爱好的基础上，一定要记住，尽量选择排序靠后的合作伙伴。

根据以上内容，老板就能选好种子股东。

3. 选择股东的7个标准

当然，除了种子股东，若选错了后面的股东，公司也会出现问题，而避免问题的基本办法就是，设立选股东的标准。什么样的人能做股东，什么样的人不能做股东，老板一定要讲清楚、写明白。具体来说，选择股东的7个标准分别是价值观相近、能力悬殊、性格互补、资源互补、优劣势互补、年龄互补、性别互补。如图2-2所示。

图2-2 选择股东的7个标准

第一，价值观相近。股东要高度认同公司的价值观，公司的价值观就是老板的价值观，新股东要进来，需要跟老板的价值观保持一致，不然公司很难做好。中小企业和大企业相比，靠的是一个"快"字，要"快"，就要相对集权，以更快的速度才有可能取胜。

第二，能力悬殊。比如，有一位牛总，他的公司拥有11个股东，这些股东不是银行业的干部就是原来的政府领导，每一个股东都有背景和头衔。公司做了一年，毫无进展，11个股东谁都不服谁。很多时候，股东多不见得就能做成事情，因为他们可能相互不服。反过来，一个100分的老大带着两个六七十分的老二、老三以及二三十分的老四、老五、老六等，或许就能做出一番惊天动地的事业。

第三，性格互补。老板选股东时要看双方性格是否互补。两个人合作，最好是一强一弱、一刚一柔，这样利于合作。

第四，资源互补。比如，一个人有市场渠道资源，另一个人有供应商的资源，两个人合作刚好是资源互补，可以取长补短。

第五，优劣势互补。比如，一方擅长销售，另一方擅长研发，第三方擅长管理，三个人刚好优劣势互补，适合合作。优劣势互补，让股东之间有依赖性，依赖性是股东合作的基础。

第六，年龄互补。如果一家公司的股东是一群老人，有可能思想固化，跟不上时代；如果股东是一群小年轻，则可能"嘴上无毛、办事不牢"。而老、中、青三代搭配则是典型的年龄互补的最佳组合。老年人考虑周全，做事稳重；中年人敢拼敢闯，资金链够强；而年轻人也不容小觑，他们相对于"60后"和"70后"来说，能更快地接受和学习新事物，思维也相对更活跃一些。

有一家公司去年的销售冠军是1999年出生的人，前年的销售冠军是1998年出生的人。很多人不明白，为什么一个1999年出生的年轻人能成为销售冠军呢？答案就是他们在销售技巧及对现今客户需求的把握等方面有很强的优势，在这方面很多"70后""80后"的老销售们都比不过他们。当然，"60后""70后"也有很多方面比"90后"要强，比较突出的有两个方面：第一，他们物质丰富，有更为长远发展的眼光；第二，他们会用人，能够如伯乐般知人善用。

由此可见，投资人的年龄最好要互补。一个人在不同的年龄段，做的事情是不一样的。有人曾说过这样一句话：二十岁学东西，三四十岁做事业，五六十岁做投资，七八十岁做慈善。

第七，性别互补。俗话说："男女搭配，干活不累。"

当然，除了以上7个标准，还有一些标准不一定每个公司都用得到。比如，要求个人资产在1 000万元以上；必须是北京户口，必须在北京有房，必须在北京工作20年以上；必须有小孩，小孩年龄在3～12岁等；如果是公司内部的职员，要求入职满2年以上；如果是公司主管以上级别，则要求其业绩排公司前五名；必须拥有10年以上的销售经验；必须有5年以上的管理经验；必须有全国市场运作经验；必须有全球市场运作经验等。公司可以根据各自情况，设定自己公司的股东要求。

设立标准的时候要注意三个要素：第一，逻辑要清晰，明确规定成为公司的股东需要满足哪些条件；第二，资金要量化，如500万元的流动现金；第三，要求合情合理，不能太随意，也不能太苛刻。比如，规定成为公司的股东需要满足以下三个条件：第一，要有钱；第二，要有资源；第三，要人品好。这三个要求等于什么都没要求。同时，提出的要求也不能太苛刻。例如，成为公司的股东需要满足以下40个条件。这就要求得太多了。

总之，条件设置要与本公司有关，股东条件和岗位不一样，选择的合伙人也不一样。

其他条件的设定，如要有信仰、有当地户口、要有孩子等，关键是要考虑其设立的标准和依据是什么。

4. 选定股东的5个步骤

选择一个合适的股权合伙人有5个基本步骤。

（1）定战略。

老板要先确定公司的战略，行业不一样，战略不一样，股东也不一样。互联网行业的老板与房地产行业的老板找的股东就不一样。互联网行业的老板要找的是认同公司文化、有冲劲和干劲的年轻技术型人才，而房地产行业的老板要找的是有丰富资源、公关能力强的人。

（2）定商业模式。

确定企业的商业模式也很重要。比如，企业是传统零售的模式还是互联网B2C模式，抑或是其他模式，模式不同，要找的股东也不一样。

（3）定组织架构。

企业的组织架构不一样，老板找的股东就不一样。如果准股东跟老板要20%、30%的股权，那么老板可以把公司的组织架构拿出来跟他讲，先谈事再谈股，先谈准股东能做什么事，再谈能拿多少股权。准股东一看公司组织架构，做不了总裁、财务总监、销售总监、技术总监,好像自己什么也不会,那就不能要 20% 或者 30% 的股权。如果只能做行政主管的工作,准股东就要拿 20% 的股权,那么总裁该拿多少股权呢?当然,准股东有可能说他也能做总裁,如果他曾经在其他集团做过总裁,总裁的职位对他来说轻车熟路,那么要求 20% 的股权也不为过。

当然,自己说自己有能力做总裁,可信度不高,我们可以通过第四步来进一步确定他的能力。

(4)定岗位职责。

公司给准股东写清楚成为总裁的要求。如果准股东觉得自己胜任不了,那么关于股权的份额就得再谈了;如果他觉得没问题,并且他拥有 15 年的总裁经验,那么可以考虑给他 20% 的股权。

(5)了解股东背景。

如果老板不了解股东的背景,万一引进来的人不仅能力不行,还占着位置不走,就会给公司造成损失;如果老板引进来的人品行不端,公司就会引狼入室。所以,了解股东的背景也很重要。

在选择股东时,对于原始的股东(种子股东)——公司的共同发起人,或者创办公司时的股东,老板要特别注意他们的搭配问题。如果老板只是选错了后进来的股东,那么可能只会对公司造成一些损害;但如果老板选错了种子股东,公司面临的则可能是直接分裂。

第二章 股东选不好,企业早晚倒

· 联机学习区 ·

扫描右侧二维码,看看其他企业是如何选择股东的。

第二节

为股东进入铺好通路

1. 设计1分钟就打动准股东的路演

很多人或公司都会遇到投资人，有时候是投资人主动要求融资，有时候是被要求投资，那么到底什么是投资人呢？投资人是指为了达到一定目的而投入资金或资源的自然人或法人。中小企业家经常遇见的是天使投资人。天使投资人更愿意参与早期投资，对具有巨大潜力的初创企业进行直接投资。对于中小企业来说，这些天使投资人就像天使一样。

天使投资人可以分为三种：第一种是非专业的天使投资人，简称"投资人"；第二种是具有专业知识的天使投资人；第三种是互投天使，他们各自拥有企业、互相看好、互相投资。

大多数中小企业家都接触过天使投资人，要得到投资，就需要向天使投资人阐明自己的项目。在路演平台上，企业家通常一上台就讲公司情况、产品结构、技术原理、商业模式，很可能还没说完，就听到旁边传来"时间到"的声音。很多人抱怨时间太短，其实路演平台给的时间已经够长了。一般来说，只要了解投资人的需求，项目发起人介绍自己的时候，1分钟时间就足够了。投资人的需求无非就是三方面：投资回报率、投资回报周期和投资安全系数。

在座的各位女士、先生，大家好：

我是××公司的周总。今天我们有一个好项目，投资回报率每年预计高达百分之百，就是说你投100万元，每年的盈利是100万元，有兴趣进一步了解或者合作的投资人请举手。举手的人请拿出你们的名片，今天晚上我请大家吃饭，谢谢！

如果你是天使投资人，对这样简明扼要、正中需求的项目介绍会不会感兴趣呢？

2. 股东进入的6个通道

即使股东找好了，合同签好了，但是进入的时间错了，也会出现问题。常见的股东进入通道大致分为6个，其中，中小企业使用前5个通道就够了。

（1）创业合伙进入通道。这里是指大家共同运作公司，共同工作，必须符合16个字：有福同享，有难同当；不离不弃，始终如一。如果抱着"放一枪就走"的想法，那么股东就不要在这个时候参与进来。

（2）创业投资进入通道。这里需要注意四个字——越少越好。

因为股权越早卖,成本就越高。融资时间越晚,成本越低。也就是说,如果公司目前只需要 100 万元,千万别向投资人要 200 万元;如果公司只需要 200 万元,千万别向投资人要 300 万元。比如,当时孙正义要给马云投资 4 000 万美元,马云说我不要那么多,我只要 2 000 万美元。马云为什么不要 4 000 万美元,而只要 2 000 万美元呢?因为他知道,在那时要 4 000 万美元代价太大,他需要释放的股权太多。

【案例分析】

卖股权就像卖房子,越早卖,成本越高

公司卖股权,与房地产商卖房子一样,每个阶段的价格是不一样的。比如,在三环边上,房地产商看中了一块土地。他第一次找来一些投资人,预订房子,只需要 8 000 元 / 平方米。只要信任他,投资人就可以提前限量购买。于是有一部分投资人开始预订房子,并且缴纳了全部房款,开发商就收到了第一笔款。

房地产商从银行贷款,加上第一批投资人的资金,成功买下土地,并且拿到了土地证。这时候,房地产商第二次找投资人,土地已经买下,打算做住宅用地,现在预订房子的购买价格是 1.5 万元 / 平方米。投资人听了之后,有的人就去考察现场,发现那是一块荒地,没有人烟,于是没买;有的人第一次没买,一看第二次涨了 7 000 元 / 平方米,于是马上入手了几套。此时开发商就收到了第二笔款。

开发商用第二笔款聘请规划公司，将土地规划清晰，设计图纸，建好模型，并将规划图的故事写好。然后开发商请建筑公司建好漂亮的售楼和样板房，并成立销售团队。销售团队开始对房地产项目进行包装，房价是2万元/平方米。这时候，大量个体投资人及刚需族出现了，300套房源售罄。

开发商把第三笔款的一部分当成订金给专业的建筑公司。在建筑公司开始平场地、挖地基时，销售团队又卖了一批房源，房价是2.2万元/平方米；等房子的地基打好之后，销售团队以2.5万元/平方米的房价再卖出去一批房子；等房子建了一小部分后，销售团队再以2.9万元/平方米的价格卖出去一批；等房子建了一半的时候，销售团队再以3.5万元/平方米的价格卖出去一批；等房子建了一大半的时候，销售团队又以3.8万元/平方米的价格售出一批；等房子封顶了，销售团队以4万元/平方米的价格又卖出去一批。这个时候，开发商还有一部分房源储备着，开始预售现房，房价是4.2万元/平方米。等到这个地方人气旺起来了，商家全部入驻了，房价已经涨到了4.5万元/平方米。

卖股权也是这样的逻辑。土地证相当于公司的营业执照，在老板拿到营业执照之前卖股权，相当于义卖，那会亏"死"；拿到营业执照以后，就相当于拿到了土地证，老板就可以给股权涨价了。

所以，股权越早卖，成本越高。在创业投资的时候，老板要谨记"越少越好"，不要向投资人要太多资金，不然手里的股权就会相对变少。

（3）股权激励进入。这里是指通过股权激励的形式，股东进入公司。

（4）股权收购进入。股权收购和股权激励不一样，股权激励一般价格比较低，而股权收购的价格比较市场化。

（5）增资认购进入。通过认购公司的新增注册资本，股东进入公司。

（6）股票收购进入。这里是指通过购买股票，股东进入公司。

【股事汇】借款出资没分清，"秋后算账"，4个问题淡然问，"验明正身"。

公司定好股东以后，要签好合同，不要出现因为没有签约而出现口说无凭的现象。

李老板最近焦头烂额，有一个还不能确认为股东的人经常找她麻烦。这个人是她的好朋友，姓张。李老板的公司注册资本是100万元。在公司成立的前一天，她打电话给朋友张先生，让张先生给她打10万元。张先生立刻将10万元打了过去。收到10万元以后，李老板既没有和张先生签投资合同，也没有说借款，两个人谁也没有再提这件事。10年过去了，张先生来找李老板索要公司的分红。李老板纳闷，张先生又不是股东，为什么要分红？

张先生说，10年前给李老板打了10万元作为投资，公司注册资本是100万元，他的出资占1/10。李老板觉得这钱是借的，于是两个人发生了口角。

为什么张先生在这时候找李老板的麻烦呢？李老板公司现在的账面现金是1.2亿元，张先生要求获得公司1/10的资产。张先生说公司的无形资产、固定资产，他通通不要，只要求分得公司现金的1/10。

1/10是1 200万元，李老板觉得自己成了冤大头，借10万元居然要还1200万元！李老板不同意，张先生就天天来找麻烦。张先生想诉诸法律，李老板很纠结，这种股权纠纷应该怎么办？

李老板来到聚百洲，我们告诉她可以解决。这件事的处理结果是：第一，10万元一分不少地还给了张先生；第二，付了张先生10年的利息，共计40万元；第三，李老板付了聚百洲30万元。合计花费80万元，算下来为李老板省了1 120万元。

聚百洲为这起纠纷做了全面充分的策划，把李老板的底细和公司的所有背景梳理出来，制订了跟张先生沟通谈判的计划。我们协助李老板去和张先生沟通。我们问了张先生几个问题，内容如下。

第一个问题，你有没有在工商局注册？

第二个问题，你有没有代持协议？

第三个问题，你们有没有签什么股东投资合作权益、股东转让协议？

第四个问题，请问公司章程的股东名册上有没有记载你的名字，有什么相关的证书来证明吗？比如，有没有股权证书、股东证书出资证明等。

对于这四个问题，张先生的回答是，都没有。

如果要股权，必须要有能证明你是股权出资的凭证。正常情况下，股东出资以后，公司会开一个收据，写明收到张××投资公司10万元，占10%的股权。银行转账凭证上面如果写明，投资公司10%的股权出资款，也可以算证明。

张先生回家找了一个星期，找到一张银行汇款凭证，上面写得非常清楚，确实于2004年8月2日转了10万元给李老板，"转款用途"是"往来款"。但往来款不能证明他是股东，如果张先生当时写的是用于公司股权，那么张先生就是股东了。所以张先生现在打官司也没有用。最好的办法就是，张先生跟李老板好好谈判，然后按照民间借贷的利息结算，这对他最有利。否则即便他去法院起诉，法院也会按照银行同期贷款利息的2倍判决。最后张先生妥协了，跟李老板谈判，约定了40万元的利息，加上10万元的本金，一共拿回50万元。

证明一个人是股东，有6种方式：工商注册、代持协议、股权协议、章程或名册记载、股权证书、出资证明。工商注册了一定是股东吗？不一定。签了代持协议后一定是股东吗？如果没付钱，没出资，也不是股东。签了股权协议一定是股东吗？不一定。有章程或名册记载，一定是股东吗？如果没有签协议，没有出资到位，也不是股东。有股权证书一定是股东吗？不一定。所以，前面这5种方式，任何一种都不足以证明一个人是股东，必须加上第六种，即有出资证明才能证明一个人是股东。

股权的核心特点是出资，出资是股东的天职。股东要投资，无论是技术股、岗位股，都需要出资，比如，以专利、技术入股。如果股东不出资，最后也需要别人帮忙出资，如大股东帮忙。公司即将上市，或公司规范化，如果没有人出资，公司永远缺这部分资金，那么这家公司肯定不能上市。

股东不出资，就要由其他股东帮忙出资。没有既"不投"而获，又不劳而获的道理，只有付出才有回报。要证明一个人是股东，最关键的是出资证明。比如，投资人投了一家公司，为了确保自己的股权及利益，最好让公司开一个出资证明，或者在合同里写清楚已经出资，或者附加一个收据，证明这笔款是用于出资的。

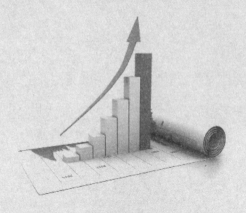

第三章

股权落地,首先考虑"系统化"

- 平分股权的公司没有将来
- 将股东分类是股权策划成功的前提
- 股权策划是策划风险与收益的平衡

为什么公司股权不能平分?因为股东之间看问题的角度不一样,在股权平分的情况下,谁也说服不了谁,导致公司的重大决策无法达成一致意见,进而无法形成合法、有效的股东会决议。

第一节

股权平分，公司会"牺牲"

1. 害死公司的股权平分

不懂股权的人在合作的时候，会采用平分股权的策略。也就是说，如果两个人合作，股权会一人一半；如果三个人合作，每个人各占1/3；如果4个人合作，则每个人各占25%。这么分的结果很可能是朋友变成仇人。

为什么公司股权不能平分？因为平分股权会埋下隐患，无法达成有效的公司决策，公司容易形成僵局。在创业之初，股东间的合作很稳定，但随着公司发展速度的不断加快，内部会出现很多管理和运营方面的问题。股东之间看问题的角度不一样，在股权平分情况下，谁也说服不了谁，导致公司的重大决策无法达成一致意见，进而无法形成合法、有效的股东会决议。股东争议不仅影响公司发展，也会影响其利益分配。

分配股权的正确做法是，如果两个人合作，股权分配应该一大一小。某公司想找天使投资人投资，天使投资人看到他们的股权结构是平分的状态，于是选择不投资。投资人让他们回去调整分配比例，他们调整的结果是 50.001% 和 49.999%。投资人看到这样的结构后更不会投资了，他们会认为股东现在就开始争夺股权，以后的局面更难以想象。

股权分配还要做到拉开差距。三个人合作，股权分配要做到 1>2+3，即大股东的股权占比要大于其他两个股东的股权之和；四个人合作，股权分配要做到 1>2+3+4。如果股东很多的话，有上、中、下、下下四策来解决股权分配问题。上策，1>67%；中策，1>51%；下策，1>40%；下下策，1>34%。

如果公司的股权分配连这都做不到，那么，建议投资人不要与这样的公司合作，因为这样的公司，很少有能取得成功的。有的人说，身边××公司股权也是平分的，他们做了15年都没出事儿。那只是个例，聚百洲深入接触的项目有1 500个，在这1 500个中，只碰到3个平分股权没出问题的公司，其他的都出现了问题。平分股权不出问题的概率只有1/500。难道要拿公司的未来赌这1/500的概率吗？这个问题特别需要刚起步的团队注意。表3-1展示了股权分配的正确思路与错误思路，可以供大家参考。

表3-1 股权分配的思路

错误思路	正确思路
平均思路	一大一小
两个人，股权各50% 三个人，每人占1/3 四个人，每人占25% 五个人，每人占20%	股份比例不能五五对开

续表

错误思路	正确思路
差距极小 一个 50.0001% 另一个 49.999%	拉开差距 三个人，股权要 1>2+3 四个人，股权要 1>2+3+4 五个人，股权 1>2+3+4+5

2. 遇到股东一定要平分股权怎么办

创始人要想清楚，是什么原因导致对方要求平分股权呢？核心原因是没有把控好自己的嘴。当创始人有一个想法时，并没有意识到该想法的价值，在将该想法实施前，就告知了对方，导致对方从一开始就参与了进来，对方当然会要求得到同等待遇，于是股权就被平分了。一定要记住，当你有一个想法的时候，没有其他优势的谈判筹码时，不要轻易将想法告知他人，也不要在此时让他人介入。

创始人应该按下面的步骤来做。第一步，创始人先成立一个公司。注册公司就好比拥有了公司的控制权，拥有了公司的话语权。另外，中国人讲究先入为主，谁注册公司，谁做主。第二步，招一批员工。创始人有了一批员工之后，再去跟人家谈判，如果对方还要求平分股权，那么创始人可以直接告诉对方，"不是我不跟你平分股权，而是我背后还有一批员工"，也许对方就会让步了。第三步，用成绩说话。展示公司良好的经营状态、业绩、利润，公司有业绩、利润，创始人就有气势，这时股东就没有底气要求平分股权了。

创始人遇到股东要求平分股权时，有两种解决办法。第一种是把准备合作的主要股东带到一个地方学习股权知识，他们会了解到股权结构对公司的影响。第二种是认真执行上述三个步骤，股东就不会再要求平分股权了。

· 联机学习区 ·

扫描右侧二维码，听周老师讲股权调整的方法。

3. 如何选择股东里的老大

可以从两个角度来选择老大：第一，从发起带头的角度；第二，从股权调整的角度。

从发起带头的角度，确定老大有三种方法。

第一，格局法。

谁的格局大，谁当大股东。那么怎么辨别一个人格局的大小呢？可以看其言行举止。很多人讲话的时候，习惯性地带上"我"，如"这是我的椅子""这是我的电脑""这是我的股权"。这种人的自我意识很强，也许不适合当大股东。

除了言行举止，还可以从个人习惯看一个人的格局。

某老板来到一家投资公司寻求投资，在介绍项目的时候，他表达得很好，项目也很好，对接的投资人就有些动心了。刚好到了中午吃饭的时间，几个人约了一起吃饭。他们吃了将近一个小时的时候，这位老板有事要出去一下，投资人一直在等着。等了很久，这位老板还没有回来。投资人让助理出去找找。助理找了几圈，在收银台那里找到他了。

这个老板正在跟餐厅的收银员讨价还价，他希望可以打折，但因为要求的折扣太低，收银员很无奈。就为了优惠几十元钱，这位老板在收银台与人争论了半个小时。助理实在看不过去了，叫他赶紧去见投资人，后来投资人尽地主之谊，让助理埋了单。

这个老板走后，助理跟投资人建议，这个项目不要投了。这个老板居然为了几十元钱浪费半个小时的时间，格局太小了。格局如此小的人只会看眼前利益。

格局小的人只看眼前利益，不适合做股东里的老大。

老板的格局要比股东大，股东才会一直跟着老板干。当老板的格局能撑起别人梦想的时候，别人才会陪老板干。

第二，历史王者。

有一种人很厉害，在家里是老大，在儿时玩伴中是老大，读书的时候是老大，到了社会上还是老大。后来跟朋友合伙开公司，开了8家子公司，在这几家公司中也是老大，这种人从来没有当过老二，天生就是老大。

跟这种人合作，有两种办法：第一，让他当老大；第二，把他的股权压到10%以下，让他对股权无法使力。如果老板的股权是51%，这类王者的股权是49%，那么这类王者很快就会扭转乾坤。

如果你是不擅长当老大的人，那么千万别当老大。

有一个老板，她的另一个身份是科学家，经过 20 多年的科学研究，研究出了一些成果。她曾跟人合作过，每次合作后，她都觉得别人不是好人，因为合作的时候，她特别喜欢争夺老大的位置，结果不是被股东甩掉，就是被股东窃取了成果，另起炉灶。

其实她跟其他人合作的方式特别简单，别当老大就好。可以先找一个生意人合作，股权分配可以是生意人拿 70% 的股权，她拿 30% 的股权。她不适合做老大还有一个原因：她天天做研究，根本没有多余的精力专注在生意上。

有时候合伙做生意，并不一定非要当老大，而要选择最适合自己的位置，如果位置不适合，赶紧放手。

第三，核心资源。

谁掌握核心资源，谁就当老大。古时候的核心资源是兵权，谁掌握兵权，谁就可能当皇帝，如朱元璋、赵匡胤。在不同性质的企业里，核心资源也是不同的。核心资源有可能是产品、技术、市场、大客户，还有可能是人脉关系。但无论核心资源是什么，一定是谁掌握了核心资源，谁就当老大。

从股权调整的角度，选择老大有两种方法可以供大家参考。

第一，信心法。

可以问股东一个问题，你的公司值多少钱？答案可以体现出股东对公司的信心。

开个股东会，跟大家说股权平分的弊端，然后与每个人私聊，你觉得公司值多少钱。需要注意，不能事先告知对方谈话内容，并且对方要没参加过培训公司的任何课程。还有一个问题——谁去谈，这很重要，不能让局中人去做，要选择专业的局外人去做，如专业的咨询公司。

第二，规划力。

通过三个案例来进一步解释。

第一个案例，股东多数参加过股权培训，都找过咨询公司。

上海的一家公司成立一年多，公司的业绩毫无进展，公司有5个股东，每人投了1 000万元，股权是平分的，5个人谁也不服谁。有一天，他们看到了某咨询公司的广告，其中4个股东一起来参加股权相关的培训课程。课程很不错，虽然他们听懂了课程，但是仍觉得执行不了相关的方案。因为事情发生在他们身上，医不自治，还是需要找咨询公司将方案落地，调整股权，做好未来规划。

由于几十万元的咨询费用，4个股东还需要与第五个股东协商，结果一直协商了好几个月。咨询公司问他们商量的结果，他们的回答是公司解散了。原来他们中有两个人找了原来的咨询公司，另外三个人各自找了一个股权专家，谁找的咨询师当然只会站在谁的立场上，最终公司只能解散。

第二个案例,股东都参加了股权培训。

一家公司有 4 个股东,4 个人平分公司的股权,每人占 25%。第一个股东先来听股权培训课程,听完后,让公司的另外 3 个股东也来听课了。公司决定做股权规划,他们 4 个人有个共识,即股权不能平分。在选老大的环节,迟迟没有最终人选。咨询公司跟他们每个人单独沟通了半个小时,他们异口同声地推举了其中一个人当老大,那个人占股 51%,剩下的 3 个人一共占股 49%,没有平分,有多有少。

4 个人中一个人姓杨、一个人姓唐、一个人姓徐、一个人姓李。咨询人员提的第一个问题是:"杨总,假如由您来带头,您计划在下一年做多少业绩?"他的答案是 3 000 万元。咨询人员用同样的问题问了其他三人,答案分别是 2 亿元、6 000 万元、弃权。

咨询人员提出的第二个问题是:"杨总,如果你做 3 000 万元的业绩,能产生多少利润?"他说:"我们这个行业的行规我很清楚,产生 20% 的利润,即 600 万元。"未弃权的两个人的回答分别是 6 000 万元、1 500 万元。之后,咨询人员连续问了他们十几个问题,其中一个关键的问题是规划。

咨询人员问:"杨总,如果你要做 3 000 万元的业绩,600 万元的利润,请问你如何规划呢?"他的规划条理清晰,逻辑性强,可行性也很大。问其他两个人的时候,一个回答:"既然我们付钱了,就需要咨询人员来规划。"另一个的回答逻辑性差,找不到重点。

咨询人员在做问题调研的时候,做了录音。所有问题都回答完后，咨询人员把录音播放给他们听，最后的人选由他们自己定，于是他们都选了杨总，因为杨总的表现让大家心服口服。

第三个案例，股东都来参加股权培训的第二种解决办法。

一家公司只有两个股东，两个人都参加过股权培训课程，他们在公司折腾了两年，一事无成。咨询人员给他们出了一个主意，效果非常好，两个人很开心地把股权调整为65∶35。

这个案例用的办法很简单。两个股东在一定的时间内完成自己对公司未来的规划，并约定某一天在公司路演，让大家投票，获得票数多的人做老大，获得票数少的人做老二。如果其中一个股东被确定为老二，该股东就必须无条件转让15%的股权给老大。获得票数高的股东，必须无条件购买这15%的转让股。公司的估值由咨询人员定好，股权价格按照普通员工股权激励的价格进行转换，按照3倍市盈率来制定。实际，两个股东没有按上述规划做，他们只是简单做了一个规划，并没有去路演。两个人将规划内容对照了一下，其中一个股东对另一个股东的规划心服口服，由此确定了谁做公司老大。

最后两个案例告诉我们，谁善于规划，谁就当老大。

第二节

6+1股权策划系统

6+1股权策划系统是聚百洲通过整理1 300家企业一对一的咨询案例，在帮助三四百家企业调整股权的实践中，历时4年多研发出的一套系统（见表3-2）。它可以有效地将企业在股权规划中发生的错误纠正过来。

表3-2　6+1股权策划系统

投资型股东			非投资型股东
长期股东	中期股东	短期股东	只干不投
投资干活	投资干活	投资干活	
投资不干活	投资不干活	投资不干活	

这个系统背后有两个原理。

第一个原理是7类股东。这7类股东分为两大类型，分别是投资型股东、非投资型股东。其中，投资型股东分为长期股东、中期股东、短期股东。每一类投资型股东又分为投资干活和投资不干活两类。非投资型股东只有只干不投这一类。

长期股东是指投资之后，短期内不会把资金撤走，不管公司发展得如何，对公司都不离不弃的股东。细分起来，这类股东可以分为两种。一种是既投资又干活的，简称"投又干"。这类股东不仅把资金投进来，而且把时间、精力也投了进来，这主要是公司内部的股东。另一种是投资不干活的，这类股东只把资金投进来，却不干活，简称"投不干"，这主要是公司外部的股东。"投不干"的股东一般来公司只做两件事：看报表、分红。企业家多数属于"投又干"的长期股东。

中期股东是指把钱投到公司之后，并没有打算长期持有股权，而是在三五年后可能会直接卖掉所持股权的股东。我们也可以将其分为两类：一类是"投又干"，主要是公司内部股东；另一类是"投不干"，主要是公司外部股东。这类人投资的目的就是将来卖掉股份，如果不让他们卖，他们就不会投资。

短期股东是指公司稍有风险苗头就退出或随时会退出的股东。我们依旧将其分为两类：一类是"投又干"，另一类是"投不干"。这样的短期股东，如果退出的话会影响公司员工的信心；如果不退出，他们隔三岔五就会来找麻烦。所以，对于这类股东前期就要签约，规定好退出机制。

非投资型股东是指只干活不投资的股东，简称"干不投"。这类股东一般是通过股权激励等方式得到股权的在职优秀员工。

公司股东少的时候，老板直接使用6+1系统就可以了。但如果股东特别多，就需要把这套系统延伸一下。为了使用方便，我们可以把股东重新分类。

把股东分为大股东和小股东，大股东的义务是保护小股东，小股东的义务是拥护大股东。在一家公司里，如果大股东不保护小股东，小股东也不拥护大股东，那么这家公司的内部肯定会钩心斗角，公司的发展也会充满很多变数。相反，如果一家公司的大股东全心全意地保护小股东，小股东衷心地拥护大股东，那么这家公司就会和谐发展、蒸蒸日上。

大股东保护小股东的关键是兜底。在公司的发展过程中，如果大股东承诺，赚了钱大家分，亏了钱，算大股东的，这样的人就是兜底人。所以，股东类型可以从义务和权利上进一步划分。从义务上划分，股东可以分为兜底和不兜底。从权利上划分，股东可以分为两类：一类是享受兜底，就是别人提供兜底；另一类是不享受兜底。具体分类如表3-3所示。

表3-3　股东分类

长期股东	中期股东	短期股东
兜底、投资干活	享受兜底、投资干活	享受兜底、投资干活
兜底、投资不干活	享受兜底、投资不干活	享受兜底、投资不干活
不兜底、投资干活	不享受兜底、投资干活	不享受兜底、投资干活
不兜底、投资不干活	不享受兜底、投资不干活	不享受兜底、投资不干活
享受兜底、投资干活		
享受兜底、投资不干活		
不享受兜底、投资干活		
不享受兜底、投资不干活		

有很多人会选择享受兜底，但也有人会选择不享受兜底。比如，某家公司做股权基金的时候，会务总监就选择不享受兜底。她说，既然选择把钱投到公司，就表示她不仅看好这个项目，还看好公司的大股东及董事长，她不需要别人兜底。如果赚了钱，该怎么分就怎么分；如果亏了，她认。对于这样有魄力的人，公司肯定是要重用的。

在股权细分后，长期投资又干活的人可以分为4种：给别人兜底、不给别人兜底、享受兜底、不享受兜底。长期投资不干活的股东同样可以分为以上4种。所以，长期股东就划分为了8种类型。

由于中期股东在公司的时间不长，不可能给公司或别人兜底，因此只有两种选择：享受兜底和不享受兜底。而中期股东分为"投又干"和"投不干"，于是中期股东分为4种股东类型。

短期股东不会给别人或者公司兜底，只能选择享受或不享受兜底。与中期股东一样，短期股东也能分为4种股东类型。所以，长期股东、中期股东、短期股东的类型一共是16种，再加上干活不投资的这类股东，总共17种股东。从6+1股权分配系统细分成16+1股权分配系统，老板只要掌握了16+1股权分配系统，不管公司有多少股东都够用。

这套系统的第二个原理是风险和回报的关系，这是基于投资心理学的原理来设定的。与投资相关的，一个是风险，另一个是回报。投资的规律一般是高风险，高回报；中风险，中回报；低风险，低回报。

长期股东、中期股东、短期股东比较起来,哪一个风险更大呢?答案是长期股东,因为长期股东前途漫漫,公司发展充满变数。两个长期股东,一个人投资又干活,另一个人投资不干活,相对来看哪个风险更大呢?答案是投资又干活的长期股东,因为他除了投入金钱,还要投入时间和精力。不考虑兜底,长期、中期、短期、"投又干""投不干"的投资,排得越靠前,风险越大。提供兜底风险大还是不提供兜底风险大呢?当然是提供兜底风险大。享受兜底与不享受兜底,哪一个风险大?答案是不享受兜底的风险大。

既然有这么多风险,那么投资的风险是从哪儿来的呢?

种种金融案例表明,企业界的风险大多是人为策划出来的。股权策划就是策划风险与收益的平衡,想要平衡两者,就要知道投资回报率,下面我们来看一下投资回报率的计算公式:

$$投资回报率 = 分红 / 投资本金 \times 100\%$$

影响投资回报率的因素有两个,分别是分红、投资本金。只要改变这两个因素中的一个,就可以改变投资回报率。在资本市场上,一般是改变投资本金。假设分红是定数,那么为了提高投资回报率,本金就应该减少。

股权策划时,如果项目是高风险、高回报,投资的本金应该少,以长期"投又干""投不干"为例,长期"投又干"股东的风险最大。如果把公司拆成1 000万股,那么拆完了之后,"投又干"的股东以1元/股的价格购买100万元;"投不干"的股东以2元/股购买100万元,这里的关键点是投资回报率。"投又干"股东的分红是

100万元,他的投资回报率是100%;"投不干"股东的投资回报率是50%。以单价3元/股购买,股东的投资回报率是33%;以单价4元/股购买,股东的投资回报率是25%;以单价5元/股购买,股东的投资回报率是20%,以此类推。

这就是同股不同权,同股不同价。签约的时候如果股东的股权价格不一样,最好不要在同一天签约。

· 联机学习区 ·

扫描右侧二维码,了解初创团队的股权分配思路。

【股事汇】 看"27雄"纷繁复杂欲争锋,
待聚百洲抽丝剥茧巧解铃。

2014年的一天,深圳一位姓杜的女老板带着忐忑的心情找到咨询公司,咨询公司让她参加了培训课,之后,她开始讲解她的难处。

两年前,杜女士想招募人员一起做一个平台公司,包括她本人,一共需要20个股东,每人投资30万元。经过一年多的筹备,她才启动这个项目。为了找到这些股东,她召开了一次项目发布会。这次项目发布会一共来了30多个人,其中有4个人支持她,非常看好这个项目,直接就把钱投了进来,所以第一轮算上她，总共是 5 个股东，每个人持 5% 的股权，一共持 25% 的股权。

第一次项目发布会开得很成功，他们开始筹备第二次发布会，继续招募股东。通过这 5 个人的努力，第二次发布会一共来了 70 多个人，其中 10 个人支持杜女士，每人投资了 30 万元，各拿到 5% 的股权，一共是 50% 的股权。公司现在一共 15 个人。在召开第三次项目发布会时，15 个股东一共只通知了 8 个人，到会场的只有 3 个人，于是项目只能推迟。

项目发布会一直推迟到 9 月，这 15 个股东再次邀约了三四十个人，又招了 5 个股东进公司，这 5 个股东同样是每个人 5% 的股权，就这样，公司 100% 的股权分完了，杜女士想要的 20 个股东终于招募完成。

既然股东到齐了，那么可以做事情了。但由于第三次项目发布会筹备期间没人干活，因此大家约定最后进来的 5 个股东必须干活。那 5 个股东没办法，先干了一段时间，结果他们也不乐意了，一共 20 个股东，同股同权同价，他们也没少出一分钱，为什么只有他们 5 个干活，另外 15 个人都不干？至此项目陷入停滞状态。

杜女士找大家协商后，决定再招 7 个股东，这 7 个股东进来之后必须干活。这次她吸取了上次的教训，决定对这 7 个人进行精细化分工。于是在 11 月召开了第四次项目发布会，又有7个股东进来了。现在公司已没有股权,大家经过协商,后面进来的15个人觉得前面5个人进来得早,每个人5%的股权就不动了,后进来的15个人拿出自己所有的股权与最后进来的7个人平分,这就是当时股权结构形成的由来,也是"27雄"的由来。

可这7个股东没做多久也不愿意干了。这时候公司彻底没有人管了,即使之前成立了很多决策委员会,都没有制定出有效决策。

发起人杜女士一共收到780万元投资款,由于公司的名称没有起好,这笔款一直存在她的个人账户里,这种情况很容易被人误会成非法集资。新年过后,有个股东找到杜女士,表明自己想退出,要求退款。这时候,杜女士意识到了问题的严重性,她先稳住了这个股东,然后找到了咨询公司,学习股权整体策划。

经过一段时间的筹划,针对上述情况,咨询公司决定分两步走。第一步,先让杜女士选出来公司老大,这家公司发展不起来的根本原因就是没老大。咨询公司进行耐心细致的调研,用了两天时间单独跟杜女士沟通,把她的股东背景情况摸得一清二楚,同时对她的经营方向做了梳理,包括优化她的模式,设计股权架构。经过协商,咨询公司让杜女士分批带股东过来,第一批带来的,除杜女士外最初的4个股东。

任何企业或者组织都需要有一个带头人。5个股东是最先进来的，可以考虑选择谁做老大。他们5个人你看看我，我看看你，一时也选不出来。咨询公司就让他们回答了几个问题，以此决定谁做老大。

咨询公司主要问了核心的"六个谁"的问题。第一个问题，这个项目是谁发起的？他们说，是27个股东一起发起的。谁第一个招这些股东进来的？回答是杜女士。第二个问题，谁来投资的？回答是27个股东一起来投资的。第一个把钱投进来的是谁？回答是杜女士。第三个问题，这个项目是谁经营？他们说这个项目还没启动，无人经营。第四个问题，这个项目谁来负责？他们大眼瞪小眼，没有人负责。第五个问题，这个项目谁来决策？他们的回答是，公司一共29个人，27个股东加上两个助理，27个股东参与决策，两个助理不参与决策。第六个问题，谁来兜底？一家公司在发展的过程中，有可能遇到一些风风雨雨、坎坎坷坷，可能有人对这家公司不看好了，想退出去，这个股东要退的钱由谁来退？如果不退，这个股东会闹起来，有股东闹的时候，就得有人站出来负责给钱，留下相应股权。这个站出来的人就是兜底人。谁来兜底？4个股东没人回答。这个时候，杜女士说，是她叫这些朋友进来的，那就由她来兜底。其他4个股东一听，马上回答好。

这并不好,因为杜女士才占5%的股权,5%的股权不能兜95%的底,她兜不了,那就要调整股权了。兜底人一出现,负责人就出来了。公司就由兜底人来负责,决策人同时也出来了,也由兜底人来决策。决策人、负责人都出来了,经营人就由杜女士来指派。

咨询公司与27个股东分别沟通后,把杜女士的股权调到了40%,其他股东的股权占比全部调了下去。股权调整后的第一年,公司的营业额达到了4 000万元,利润达到1 200万元。

那么,怎么利用6+1股权分配系统来解决"27雄"的问题呢?

首先我们把27个股东分成8类。按照时间把这些股东分类,用股权激励"15定"中的"定时间"把时间量化。量化时间的方式有两种。第一种方式是数字法,如把股东分为8年、5年、2年、0年。第二种方式是区间化,如从公司创立到公司上市是一个区间,公司的业绩从0达到5 000万元是一个区间。8年股东属于长期股东,其类型分为"投又干""投不干"。"投又干"分为兜底和不兜底,"投不干"也分为兜底和不兜底。这里没有享受兜底与否的细分,所以一共是4类。5年的股东也可以分成"投又干""投不干"。5年的股东是不给别人兜底的，可以选择是否享受兜底。2年和0年的股东只有"投不干"这一类可以选择是否享受兜底。所以股东类型分成8类。

咨询公司定下股东类型后，下一步就是定价格。风险最高，"投又干"、兜底的股东，他的股份定价为每股1元；"投又干"、不兜底的股东定价高一点，每股1.5元；"投不干"、兜底的股东的定价是每股1.5元；"投不干"、不兜底的股东定价为每股2.5元。

为什么其中有股东类型不同，定价都是"1.5元"呢？8年"投又干"、不兜底的股东，跟"投不干"兜底的股东都有风险，只是风险的侧重点不一样。前面的侧重点在于"干"，后面的侧重点在于"兜"。虽然是不同的股东类型，但是也可以定同样的价。5年"投又干"股东的股权定价是每股2.5元，"投不干"股东的股权定价是每股4元。2年"投不干"股东的股权定价是每股5元，0年"投不干"股东的股权定价是每股7元，最后一种股权定价是最高的。

接下来计算一下投资回报率。假定每股1元的股东投资回报率是100%，那么每股1.5元的投资回报率是67%，每股2.5元的投资回报率是40%，每股4元的投资回报率是25%，每股5元的投资回报率是20%，每股7元的投资回报率是14%。

这里的关键点在于投资回报率之间的差值。如100%与67%的差值是33%，67%与40%的差值是27%，以此类推。差值最小的是5%。投资回报率为20%的是2年投资不干活的，投资回报率为25%的是5年投资不干活的。2年投资不干活的回报率是20%，5年投资不干活的回报率才25%。同样是投资不干活，2年比5年灵活很多，如果选择其中一种的话，投资人肯定会选择2年。在策划的时候，策划者的意图是把5年股东推到2年，故意设计的投资回报率差值小。把股东推到2年的原因是，2年之后这家公司的现金流非常好，老板希望收回这些股东的股权，再卖给更适合的投资人，这样就实现了股权的新陈代谢。

把价格和投资回报率定下来后，还有一个很重要的方面需要考虑，那就是股权退出时有兜底的好处。兜底的好处有两个：第一，让对方闭嘴；第二，把价格卖得更高一些。所以兜底人明显的好处是可以把股权卖高价。

如果股东全部选择8年的，那么把时间延长、门槛抬高就可以了，延长到12年或者15年，一开始是100%的兜底，现在是只兜80%、70%的底。

当股权转不出去的情况出现时，兜底人就出现了，其回购股权的方式有4种。

第一种是补回去。如果8年股东的年均投资回报率小于

12%，兜底人就补足12%。比如，有人投了10万元，年均投资回报率为12%，8年应该分9.6万元。退股一共应该退19.6万元，8年中已经分红5万元，退股时减去已分红的5万元，最后退14.6万元，这14.6万元要由兜底人补。

第二种是退本金+补偿。如果投资回报率大于12%，股东投了10万元，这8年分了20万元，8年之后，需要退的金额=本金+12%×本金，一共11.2万元。虽然股东分红20万元，但是8年时间给了公司，兜底人补偿12%也是正常的。

第三种是退净资产×持股比例。公司账户上会体现净资产，净资产乘以股东的持股比例，就是需要退补的金额。比如，净资产是1 000万元，股东的持股比例是2%，就退给股东20万元。

第四种是以相同的PE倍数来退，投资的时候是按照利率的多少倍来算的，退出的时候也按照利率多少倍来算。

设置这4种退出路径供股东选择，股东肯定会选择回报最高的。

5年股东5年之内不能退出，不能转出，如果亏损了，就得认。5年之后可以转出，如果转不出去，没人买，由兜底人来兜底，规矩跟8年股东一样，只是投资回报率从12%变成11%。

如果是两年股东，两年之内不能退出不能转出，亏损了要认，两年之后退出时，如果转不出去，就由兜底人兜底，只是投资回报率从11%变成了10%。0年股东不到一年就退了，只需要退本金就行，没有奖金、分红，一年之后退出，一般有分红的直接分好。退本金的时候，投资回报率从12%变成8%。规则一样，只是比例不一样。值得注意的是，0年股东退股的时候，必须约定提前一个月提出申请，给公司留下回旋的余地。股权策划人在策划的时候，原则是股期越长，投资回报率越高。退出方案也可以把股东的股权比例调整过来。

在"27雄"的案例里，经过一次策划调动，我们就把股权调整好了。有的股东价格高，有的股东价格低，股东投出同样的钱，股权所占的比例却完全不一样。经过策划，我们把杜女士的股权调整到了24.63%，又给杜女士争取了15%的股权。这15%的股权为前期筹划股。因为前期杜总为此事付出了很多时间和金钱，她没领工资、没有提成，找咨询公司的费用也是她自己出的。咨询公司为杜女士争取的股权一共是39.63%，约等于40%。其他股东的股权全部下调，有的是1.5%，有的是2.5%……

27个股东从早上8点到咨询公司，一直谈到半夜12：30。最后，所有股东都同意了股权分配方案，每个人都在股权认定表和合同协议书上签了字。

咨询公司在协助杜女士完成股权调整之后，杜女士没有多投一分钱，其他股东也没有撤走一分钱。股权调过来以后，这家公司蒸蒸日上，现在公司市值达1亿多元。

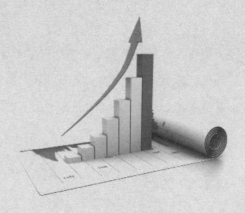

第四章

错误的股权激励方案怎么改?

- 股权激励前,老板要先改正错误的认知
- 免费送给老员工股份,绝对是下下策
- 让员工愿意出资入股的核心是知道他们想什么

做股权激励一定要符合人性，遵循规律。不劳而获的东西，从人性的角度来说，多数人不会珍惜，还容易使人养成一种习惯性接受的心理。一旦员工养成这样的心理，对公司来说就是件很麻烦的事情。

第一节

股权激励常犯的错误

1. 股权激励的9种错误类型

第一,用错模式。

很多企业老板不知道股权激励应该用哪一种模式,用期权还是期股,用注册股还是分红股?如果用错了,企业就会出很多问题。

第二,激励错人。

应用股权激励的时候,该激励谁,不该激励谁,企业老板如果不清楚,该激励的人没有激励,不该激励的人反而被激励了,结果会弄得企业"鸡飞狗跳",不仅浪费了宝贵的股权,还达不到激励的目的。

第三,激励错时间。

什么时间该激励,这是个关键问题。企业运用股权激励,时间是在年初还是年底,企业老板一般对此没有足够的认识。通常来说,

10月是企业进行股权激励的黄金时期。春节前后，往往是企业人才流动较为频繁的时期。这个时候，企业若没有规划好，未采取激励机制，优秀的员工可能会跳槽到更有利于自身发展的公司。因此，这段时间非常重要。有人说，10月离春节还有几个月的时间，应该不需要这么着急。但是制订和实施股权激励机制，如规划方案、与员工进行沟通、员工意见反馈、完善方案、优化方案及具体实施都需要很长时间，有的甚至需要用几个月的时间才能完成。所以，10月是黄金时间，企业不应错过。

有人说，公司规模小、人也少，不需要进行股权激励。其实，股权激励并不要求企业具有多大的规模，股权激励是分阶段来实施的，在不同阶段可以采用不同的方式。很多企业老板不懂这个道理，结果一拖再拖，延误了很多时间，浪费了许多精力，导致企业一直处于创业和培养员工的阶段。

第四，激励错量。

企业在实施股权激励时不知道该给员工多少股权，为什么给这个员工多，给另一个员工少，多和少的标准怎么定。随意发放必定会导致企业出现许多问题。

第五，激励错价。

股权价格的制定是有规则的。每个员工所购买股票的数量也是不同的，股价的标准该如何制订，需要规划。如果企业老板随意定价，则会影响企业发展。

有人说，股权激励就是送股权，并不需要用价格来衡量。在这里要提醒企业，做股权激励时千万不能白送股权。退一万步讲，即使送股权给员工，老板也要让员工知道股权的价格。如果员工不知道价格，他们会认为股权不值钱，没有价值，就不会珍惜，这样的股权激励是没意义的。

第六，签错约。
老板不知道怎么签股权合同，很多合同没有经过律师审核，漏洞百出，会给企业未来的发展留下隐患。

第七，分错钱。
老板不知道怎么分钱，乱给股东钱，导致企业遭受损失。

有一家美容美发公司，老板做股权激励，激励了19个人，没过3个月，这19名股东联合起来，要求老板月月都分红。他们觉得自己的股权自己说了算，结果公司所有的利润都用于分红了。

这是做股权激励最大的风险，做股权激励的公司是不能这样分红的，不能把所有的利润都分光。

第八，说错话。
有的企业老板不会说话，如在做股权激励的时候，要求专家教他怎么用股权来牢牢地拴住员工，希望拴得越牢越好。员工怎么能用"拴"这个字呢？一个老板如果不懂得如何措辞，很多计划是很难实施到位的。

第九，收不回股权。

企业老板收不回公司的股权，这是个非常致命的问题。很多企业老板做股权激励，股权给出去容易，收回来难。如果做股权激励，股权只能放，不能收，股权公司会变成养老院。

有一位老板，他的公司已经成立了28年，1999年就做了股权激励，是国内做股权激励最早的公司之一。当时他拿出49%的股权激励了32个人。2006年以前情况都不错，到2010年就出问题了。那32个人中有22个人退休了，公司成了养老院。退休人员会经常回公司查看公司的经营状况，谈股权继承问题，导致该公司的新职员纷纷离职。

· 联机学习区·

扫描右侧二维码，听周老师讲解聚百洲员工高收入的逻辑。

2. 股权激励前后常见的错误认知

第一,担心员工逼迫老板分红。

一家公司的资产是 1 000 万元,有一个小股东占了 10% 的股权。如果公司一年能赚 500 万元,他能分红 50 万元。分红后,第二年公司的资产还是 1 000 万元。假如市场不变,没有其他因素影响,公司的盈利还是 500 万元。第三、第四、第五年依旧。如果这个小股东投资了 5 年,总共可以分红 250 万元。

假如公司拿出 100 万元来分红,那么小股东可以分到 10 万元。剩下的 400 万元作为公司的发展基金,第二年公司的总资产变成了 1 400 万元,1 400 万元就有可能赚到 750 万元的利润。

若从 750 万元的盈利中,公司拿出 150 万元来分红,那么小股东当年可以分到 15 万元。第三年公司的总资产变成了 2 000 万元,有可能赚到 1 100 万元的利润。公司可以拿出 300 万元来分红,小股东可分到 30 万元。第四年公司的总资产为 2 800 万元,可赚到 1 500 万元的利润。若公司拿出 300 万元来分红,那么小股东可分到 30 万元。到第五年,公司的总资产可达 4 000 万元,可赚利润为 2 200 万元。

> **周老师提醒**
>
> 在上面的案例中,有人说第二年的利润应该是 700 万元。这种说法也是对的,计算出利润为 700 万元的人是数学家,计算出利润为 750 万元的人是企业家。

净利润是 2 200 万元的公司,估值最少是多少呢?互联网企业可以估值为三五个亿,甚至估值为 10 个亿都有可能。传统行业一般只能达到七八倍的市盈率(PE 倍数 = 每股市值 / 每股盈利)。按照 7 倍的市盈率来计算,估值 =2200 万 × 7,即 1.54 亿元,可以按 1.5 亿元的估值来计算。假如中间股权没有稀释,小股东的股权仍然是 10%,那么小股东卖出股权能获得 1 500 万元。假如小股东是原始股东,投入 100 万元,占了 10% 的原始股,相当于其赚了 15 倍的资金。

看到这里,你是愿意获利 15 倍的资金还是愿意只赚 250 万元?答案显而易见。

第二,跟了我很久的老员工,半卖半送股票。

有一家曾经发展得很好的公司,我们称为 A 公司。2008 年,B 投资公司向 A 公司投资两个亿,买了百分之十点多的股权。2010 年,A 公司做了股权激励并同步转让,B 投资公司转让了 0.6% 的股权,赎回了 300 万元。于是问题就来了。B 投资公司投资两个亿买百分之十点多的股权,按 10% 计算,相当于 A 公司当时的估值为 20 亿元。

2010年做股权激励并同步转让，比起2008年，A公司已经在全国多开了46家店。按此计算，它的估值应该升高，我们还按2008年的估值20亿元计算，B投资公司转让0.6%的股权用于股权激励，应该收回1 200万元，但其实际到手的钱却是300万元。

之所以出现这样的情况，是因为老板张某用半卖半送的方式对下属进行了股权激励，这对B投资公司来说，利益受到了损害，于是B投资公司找到A公司的老板张某与其理论。张某觉得自己也没办法，公司做股权激励，要对员工、高管好一些，投资人要看未来，等公司上市就好了，不要只看眼前的得失。但2012年A公司没有上市，2013年、2014年也没上市，2015年4月3日，A公司资产被冻结了。其实，A公司出现的问题，是在做股权激励时埋下的隐患。

老板做股权激励时，要把各方面的利益都权衡好。老板可以跟投资人协商，公司做股权激励时，公司高管可以打折、优惠获得股票，打五折、六折、七折、八折都可以，但不能内外悬殊太大，否则也会出问题。总之，老板做股权激励时不能送股权，也不能让内部员工的股价低得太离谱。

第三，员工变成股东前，不用给他们做培训和沟通。

有些员工成为股东后，工作态度变了，觉得自己和其他同事有了很大的不同，有了优越感，甚至会对身边的人指手画脚、呼来喝去。这种转变在很多企业的基层员工中都有发生，企业一方面需要对这些员工给予奖励，另一方面又要保证这些奖励不会让老员工因此而懈怠，甚至对团队造成伤害。并且，要及时给员工做相关培训和沟通。

3.不同类型的员工要用不同的股权激励策略

员工想赚钱，就要成为公司的核心人物，有两个途径。第一个途径是通过自己的努力奋斗，从普通职员一步一步地发展为公司的核心管理者。第二个途径是直接购买公司的股权，成为公司的股东。

这两个途径有什么区别呢？从普通职员发展为公司的核心管理者，竞争比较激烈，费力、费时。快速的方法是直接购买公司的股权，成为公司的股东。

员工在花钱购买公司股权的时候，是需要我们区别对待的，切不可搞"一刀切"。

例如，对于刚入职的没有钱的新员工，倘若他很有能力，也精通互联网，能做技术性很强的工作，即使是一个人才，也不要立刻让他买股权。对于这类人，可以采用的方案是换。如果这个人是业务高手，那么老板可以跟他约定，做出多少业绩就赠送一定的股权。比如，他今年完成了2 000万元的业绩，公司就送他价值100万的股权。这不是白送的，而是拿其完成的业绩换的。如果这个人是做研发的，那么可约定一个时间，只要他在规定的时间内有研发成果，公司就给他股权，这也属于换。

如果新员工很有钱，也不要立刻让他买股权，可以采取换的方式，为其设定一个任务，完成任务后给他一定的股权，之后可以考虑让他买股权。当然，特殊情况除外。第一种情况是公司内部融资的时候。员工可以自愿购买股权，但不必强求。第二种情况是这个新员工能为公司带来大量的资源，这种情况可以考虑让他买股权。

综上所述，企业要对不同的员工采用不同的激励方法。这里只讲了两种情况，还有很多其他情况，如富有的老员工、没钱的老员工等，如表4-1所示，公司根据具体情况，制订合适的股权激励策略。送股权，是下下策，很多方面不好把握。送给谁、不送谁，可能会造成员工心理不平衡，严重了还会激怒员工。并且，送股权有时会导致员工养成一种索取、理所应得的心态。

表4-1 员工分类

没有钱的员工				富有的员工		
老员工			新员工	老员工		新员工
没能力赚钱	不会理财	有重大变故	比较有能力的人才	能力、忠诚度均经过考验	工作多年，有积蓄	家境好，有资源
不必考虑	不必考虑	低息借款	用业绩来换	购买	用业绩来换	用业绩来换

第二节

股权激励的5条原则

1. 平衡为重，上策为买

第一条原则，"平衡为重，上策为买"中重要的是"上策为买"。

某家公司请咨询公司为其做了股权激励的方案，该公司老板把这个方案拿给8位高管看后，有7个人买了股权。

年底的时候，该公司进行了分红，买了股权的员工和高管，其投资回报率约为42%。也就是说，员工投资10万元，能分到4.2万元。没买股权的高管什么都没分到。这位高管心里委屈，去找老板理论。他觉得自己年轻，阅历比其他员工丰富，学历也不低，能力也不差，为什么其他员工能分到那么多钱，而自己却没有。老板告诉他，因为其他人买了股权，他没买股权。

老板只要把话说对了，把事儿做到位了，并且所做之事确实对员工有利，员工就一定会买股权。若发生了上述案例的情况，真的

有人不买，该怎么办呢？

在一次股权培训课程上，老师说："上策为买。"马上有一位女士站起来反对老师的说法。她觉得，上策不是买，下策才是买。她在说这句话的时候，态度并不好。为了不让她影响到讲课的氛围，老师说："美女讲的话也有道理，你先坐下，在中午吃饭的时候我们再讨论这个问题。"等中午吃饭的时候，老师发现她身边始终有一位男士，这位男士有四十五六岁的样子。了解后得知，原来这位男士才是老板，那位女士不是老板，她只是一个高管，所以她肯定觉得买是下策。

年底的时候，在课上强烈反对"上策为买"的女高管打电话来，她非常感谢这位老师。因为在那次谈话之后，她主动给公司投资了50万元，今天拿到了分红，分到了75万元。

女高管把自己的50万元投到公司的那年，公司的盈利是1 200万元，老板拿出其中的750万元用于分红。女高管占股10%，所以分到75万元，投资回报率是150%。这位女士起初听到上策为买的时候曾强烈反对过，当天老师跟她聊了20多分钟，她的观念发生了转变，把自己的钱从银行里拿出来，投资了公司，才有了现在的150%的投资回报率。

老师到底讲了什么话，使这位女士的观念发生了180度的大转变呢？在饭桌上，老师问这位女高管是否有钱。她当然有钱，只是多和少的问题。老师问她："如果把这笔钱放在银行里，回报率肯定不高，只有2%～4%的利息。假如把钱取出来，投到另外一个地方，其回报率是存款的 10 倍以上，而且相对来说比较安全，你会把钱投到这个地方去吗？"女高管说当然会。老师还告诉她，只有投资了公司，收益才可能是银行利息的 10 倍以上。当然，投资了公司也需要做好心理准备，即有福同享，有难同当。

· 联机学习区 ·

扫描右侧二维码，看看股权激励的 6 个难题是什么。

2. 符合人性，遵循规律

做股权激励一定要符合人性，遵循规律。不劳而获的东西，从人性的角度来说，多数人不会珍惜，还容易使人养成一种习惯性接受的心理。一旦员工养成这样的心理，对公司来说就是件很麻烦的事情。

有一个年轻人上大学的时候，每次路过天桥都会碰到一名乞丐，这个年轻人每次都会给乞丐 5 元钱。这名乞丐非常高兴，每次见到这个年轻人都对他竖起大拇指。后来年轻人毕业了，谈了一个女朋友，年轻人赚的钱都给女朋友花了，没有多余的钱再给这名乞丐。当年轻人第一次不给乞丐钱的时候，这名乞丐很不高兴，但是也没说什么。后来这个年轻人每次见到乞丐，都不给钱了。直到有一天，这名乞丐终于忍不住了，他说："年轻人，我有一个问题一直想问你，以前每次见面你都给我5元钱，可是现在你一块钱都不给了，到底怎么回事？"

年轻人说："不好意思，我毕业之后谈了一个女朋友，我现在剩余的钱都给女朋友花了，就没有钱顾及你了。"没想到，这名乞丐勃然大怒，挥手打了年轻人一巴掌，说道："你这个小子真不够意思，你怎么能拿我的钱来养你的女人！"

虽然，上述内容只是一则故事，但是习惯性接受确实容易导致他人形成把别人的钱当成了自己的钱且完全不知道感恩的恶果，所以千万别让员工形成这种心理。

一家名叫胖东来百货的公司曾经发展得非常好。2010年在河南成立时，连清洁工都能领10 000多元的工资，店长、经理都住价值几百万元的别墅，有媒体称该公司是全中国对员工最好的一家公司，可后来这家公司倒闭了。

倒闭之后，胖东来百货公司的董事长于东来说过一段话，发人深省。他说："你给员工吃草，你会迎来一群羊；你给员工吃肉，你会迎来一群狼。"如果有朝一日你没有肉了，你用肉喂养大的狼就会反过来把你吃掉。好多人被养得太肥，跑都跑不动了，最后胖东来就被"吃"掉了。

雷军也想过同样的问题。小米的合伙人需要具备以下条件：第一，要有创业力，并且能独当一面；第二，要有创业心态，愿意拿低工资，愿意参与创业；第三，愿意掏钱买股票。买了股票之后，有些高管就问雷军："买了公司的股票，到时候能分多少钱？"雷军回答说："分多少钱不是我说了算，是你说了算，是大家说了算。"因为使公司的股权增值是员工的天职，一切都是由员工创造出来的。

有人问："让高管买股权，把股价调低行吗？比如，卖给公司外部人 10 元一股，卖给公司内部员工 0.1 元一股。"这样做也不行，公司会出问题。因为这么做是对投资人的不尊重，更是一种不负责的做法。这样的行为很难获得其他资源支持的。

3. 引导策略，假定条件

有的老板在做股权激励的时候给员工描绘未来，说股权激励能使公司快速发展、迅速壮大、走向世界、快速上市。其实，老板讲这些话对员工没有用，员工反而会觉得目标太长远，跟自己没关系。

引导策略的关键点可以用 8 个字来概括：假定条件，描述结果。我们从两个角度来看：第一个是买股权的好处，第二个是不买股权的坏处。老板可以通过 8 个字的引导策略，向准股东证明购买公司股权是可以增值的。同时，老板应向其展示、证明，这种增值方式是最好、最快、最安全的。

企业老板应该做的是，引导员工购买公司股权。下面是让员工抢购公司股权的 9 种说话技巧。

（1）投资增资和资产缩水的对比。

用好这个方法，老板可以引导公司 95% 以上的员工来购买公司股权。这套话术在聚百洲多年的咨询执行过程中已经验证了很多遍，非常有效。当然，不要生搬硬套，而要灵活掌握，毕竟在引导员工购买股权的时候，每个人的想法都不一样。

比如，买公司股权的人可以投资增值，不买公司股权的人，其资产可能会缩水。想想看，如果你的资产通过某种方式可以在几年时间里翻很多倍，你就能做很多以前想做但一直没能做的事情。

这套话术对有理财习惯、偏感性的员工会比较有效，它是针对员工资产缩水所带来的不安定感，以及资产增值带来的喜悦感而设计的。讲述过程中还可以加入一些由于资产没有增加而带给员工的"痛苦"回忆。

（2）公司核心和公司边缘的对比。

前者是买股权成为股东的好处；后者是没有买股权的坏处。

如果你购买公司的股权，成为公司的股东，自然会得到公司的重视，会发展为公司的核心人员，工作在核心岗位上。如果你没买公司的股权，就可能会被边缘化。因为通常管理层的关注点会集中在股东身上。

这套话术对于很想被公司认可，尤其是得到公司老大认可、对荣誉感需求很强烈或目前成长速度很快，处在事业上升期的员工会非常有效。讲述过程中可以增加公司老板对该员工印象的描述，让该员工感受到自己很重要，并且一直被公司关注。

（3）更高收入和收入有限的对比。

如果员工成为股东，特别是成为核心人员，员工的收入会提高很多。除了工资和提成以外，还有一部分收入来自公司分红。如果不是公司股东，那么员工只能全靠工资和提成了。曾经有一本书讲述了改革开放以来，中国最富有的一批人共有的特点，最显著的一个特点是善于把握机会，尽管他们的能力不一定比别人强，学历也不一定比别人高。这一点是值得中小企业家学习的。老板做股权激励就是在把握机会，对员工来说这同样是一个很好的机会。

这套话术很适合公司的销售人员，尤其是对钱有着强烈需求、用收入来衡量自己价值的员工。他们不管是在哪家公司，在销售岗位上都会有很不错的表现，并且会积累一定的财富。

（4）升职机会和难以升职的对比。

如果公司的一些岗位存在空缺，需要提拔人，员工需要晋升，公司肯定会优先考虑股东，因为股东把青春、资金都献给了公司。

这套话术非常适合对个人成长有明确目标的员工，他们给自己的成长过程制订了很详细的计划，对学习也有明确的目标。用这套话术可以准确地满足员工在职业规划上的需求，可以很准确地为员工创造一种心理上的期待，让员工更加积极向上。

（5）尊贵身份和普通平庸的对比。

在中国有一种特别常见的现象，就是春节回到家，街坊邻居、亲朋好友聚在一块儿的时候，一般会互相询问对方的情况。多数情况是几个大妈互相问对方孩子的情况。如果你成了公司的股东甚至是董事，那么这个信息带给你家人的感觉会很不一样，他们会感到骄傲，你向别人介绍自己工作情况的时候也会非常自豪。你在获得个人成长所需的外部资源时，很多人也会对你另眼相看。

这套话术特别适合有家庭责任感、关心父母、关心爱人和子女的相对传统的员工。这类员工心中会有很强烈的意愿,就是让家人过得更好,让他们以该员工为荣。而话术中迎合了中国传统文化《孝经》中的一句话:"立身行道,扬名于后世,以显父母,孝之终也。"受过传统文化熏陶的员工会很有触动,他们也会因此收获自信。

(6)理财通道和本钱贬值的对比。

假如你没有买公司的股权,而是把所有的钱放在银行,回报率很低,只有3%左右,即使放在余额宝,也不会有太高的利息。如果赶不上物价增长的速度,本金就会贬值。相反,你把钱投到公司,就多了一个理财的渠道。

这套话术对于有理财需求,但偏理性、买理财产品会反复比较的员工群体来说最适合不过了。他们担心的不是"我没有了",而是"我少了""我慢了"这种微量变化的描述。在话术中,不用介绍投资公司的风险低,只需要强调收益高,描述时可再加入一些其他投资渠道的弊端。

(7)被动收入和拼命赚钱的对比。

世界富豪一定有两种收入:一种是主动收入,另一种是被动收入。主动收入是要干活儿才能拿到的,要用你的时间、体力、精力来换钱;被动收入是即使你在睡觉,钱也可以源源不断地进到你的口袋里。如果只靠主动收入,利用时间、精力赚钱,你就会活得很累,很辛苦。如果你想轻松地赚钱,就一定要有被动收入,购买公司的股权就可以获得被动收入。

适合这套话术的员工分为两类人。一类很灵活,属于"鬼点子"多的那种。他们完成工作不会用"傻力气",常常会寻找便捷和高效的方式与路径。赚钱也同样如此，他们和"一个人兼职打了好几份工"的人群不一样，他们一直都在寻找财富快速突破的便捷路径。而另一类就是上面提到的一直在挣辛苦钱的群体，他们劳碌奔波，财富却不见积累，甚至入不敷出，可自己能力有限，不能"变着花样轻松挣钱"。他们需要的是一种难度不大的被动收入。这些人往往会或多或少地存在自卑心理，而这套话术实际上满足的就是他们对自己价值认可的需求，即"其实我也能用那种方式赚钱"。

（8）事业的成就感和失败的困惑的对比。

事业成就是指你是公司的股东，通过发展好公司，获得一份事业成就感。相反，如果你不是公司的股东，像过客一样，三天两头找工作，没有找到自己的位置，也没有归属感，那么自然就谈不上有成就感了。

在现实工作中，股东和非股东的身份的确会不一样，特别是在洽谈业务的时候，很自信地向客户展示自己是股东这个条件，能增强客户信心，提高成交率。客户有些犹豫的时候，业务员可以说："我是公司的股东，难道你还不放心吗？"很多时候客户的疑虑就会被打消。在一般情况下，客户心里会想，业务员的流动性很大，他的承诺很难保证。但是公司的股东就不一样了，他的"根"在公司，客户信心相应就会增加。

（9）个人成长飞速和难以成长的对比。

如果你成为公司的股东，那么公司的资源会优先向你倾斜，有些舞台会优先让你历练，让你个人得到很好的成长。相反，如果你不是公司的股东，那么公司就不会优先想到你，有些资源也不会向你倾斜，你就难以成长。

很多时候，可以借助不同的人，从不同的角度，分别从利弊出发，让员工明白股权对他来说到底是什么概念，如表4-2所示。这样可以更好地引导员工，以完成引导的策略。

表4-2 话术切入点及对应的心理满足点

序号	话术切入点	心理满足点
1	资产增加与缩水	资产增加的喜悦和缩水的痛苦
2	公司核心层与边缘层	被公司老板重视
3	收入的高与低	收入高了增加安全感
4	可以升职与停滞不前	个人职业生涯规划与成长
5	父母心理感受	满足自身需要"孝顺"的标签
6	财富保值与贬值	减少贬值的不安定感
7	主动收入与被动收入	可以像成功人士那样挣钱的自我肯定
8	事业成就感与困惑	客户可更加信任自己
9	更多更好的成长机会	跃迁式的成长

· 联机学习区 ·

扫描右侧二维码，看看股权激励的优缺点是什么。

在这里，我们可以结合表4-3所示的投资方式对比，从第一套话术——投资增值的角度来举例。首先把投资的方式列举出来,再将每一种投资方式从各个不同的角度进行对比,这里的数字完全可以看出各种投资方式的差别。

表4-3 各种投资方式不同角度的对比

投资方式	投资回报（年）	回报周期	灵活度	资金用途	安全性
银行存款	固定收益3%	12个月	12个月	贷款、投资	高度安全
理财产品	固定收益5%	6~12个月	6~12个月	投资、股市、国债等	相对安全
房地产投资	不确定	1~20年	需有人接盘	固定资产	安全性低
股票投资	不确定	不确定	需有人接盘	企业及其他	安全性低
基金	不确定	1~30年	不灵活	投资项目或股市、外汇等	相对安全
普通借款	无息或约定利息	约定时间	不确定	不确定	不确定
独立创业	不确定	不确定	不灵活	指定项目	不确定
合作创业	不确定	不确定	不灵活	指定项目	不确定
平台创业	高	短	非常灵活	指定项目	高度安全
运行中的企业	高	短	相对灵活	指定项目	高

一个人有了钱以后会想赚更多的钱,有两种途径可以实现:第

一是投资，第二是创业。有的人从来不投资，但他一定把钱放在某个地方，这个地方是银行。把钱放到银行，回报率低，一般能达到 3% 左右。为什么那么多人选择把钱放到银行，是因为他们认为银行安全。把钱放到银行就绝对安全吗？不一定。因为把钱放到银行，会面临三大风险。

第一，通货膨胀，货币贬值。钱放在银行，有可能获得的利息赶不上物价增长的速度。

第二，有些银行有可能倒闭。以存放银行 100 万元为例，如果银行倒闭的话，只能取回 50 万元。按照法律规定，有时候能取出的还不到 50 万元，并且要走一些程序，最后可能只收回 40 多万元。

第三，也是常见的一种风险，亲朋好友向你借钱。如果你有 100 万元、200 万元放在银行，身边的亲戚朋友需要用钱的时候，第一时间就会想到你有钱放在银行里。如果你不借，大家会认为你自私；如果你借给了第一个人，就会出现第二个人、第三个人……

有人会说，我有更好的投资方式，可以买理财产品。稳健型理财产品回报率一般为 5%~6%，也不是很高。不买理财产品，可以买基金。但基金的回报率还要打一个问号，并且也有一定的风险。不买基金，可以买股票，可炒股风险更大。不买股票，可以买房产。现在买房子的时机不对，北、上、广、深等特大城市的房价已经到顶了，即使在北、上、广、深能够买房，你手里那点儿钱又能买多大的呢？如果在三四线城市买房，价值又不高。现在投资房地产大势已去，跟 10 年前的局势已完全不一样了。不做房地产，想把钱放贷（注意：国家对个人放贷有相关规定，一定要依据相关规定办事）出去，但钱放出去能不能收回来，要打一个大大的问号。如果放出去收不回来，就会赔钱。

还有人认为，不投资还有更好的方式——创业。创业有三条路可选：第一条是独立创业，第二条是合伙创业，第三条是在公司内部创业。

独立创业。自己开公司，自己做，自己投资。比如，你开了一个小店，竞争对手不会教你怎样赚钱，所以要自己摸索一条成功之路。万一亏了，风险还要自己承担。独立创业是自己投资、自己摸索、自己承担风险的模式，所以注定是一条非常艰辛的道路。

合伙创业。很多人不准备独立创业，现在是一个合伙的年代，单打独斗的年代已经过去了，可以找几个朋友一起创业。大家一起投钱，一起摸索经验，一起承担风险。但合伙做生意在中国不好做，搞不好朋友之间会翻脸，成为敌人，最终朋友没有了，钱也没有了。

在公司内部创业。大钱由公司投，小钱由个人来投，赚了钱个人拿大头，公司拿小头。当然，赚的钱是指自己赚的那一部分钱。风险公司承担，赚了个人拿走，公司上至总经理下至所有的同事，都会全力以赴地帮助你来实现梦想。假如你选择一个人独立创业，就会像大海里的一叶孤舟，风浪一来就会把你所在的船打翻；假如你选择在公司内部创业，就会像站在巨人的肩膀上，可以少走很多弯路。因此，面对三条路，多数人会选择在公司内部创业。

但不是所有的老板都有这种格局，能够安排员工在公司内部创业。有的员工不愿意创业，认为创业是非常艰辛的一件事。其实有更好的方法，那就是看哪家企业运营良好，正在赚钱，把钱投到该企业里，跟着这家企业一起赚钱即可。

将钱投资到现有的企业有两种选择：一种是投资其他企业，另一种是投资自己服务的企业。其他的企业运作情况不好掌控，自己服务的企业，运作情况比较易于了解。比较起来，还是投资自己服务的企业比较放心。将钱源源不断地投资到自己服务的这家企业，这种思路属于股权导购。

4. 组合运用，效果更佳

股权激励只是激励的一种方式，最好能与其他方式组合起来，包括薪酬及其他管理制度。企业做股权激励的核心出发点是让下属有更足的干劲儿，有更强的归属感，能起到这种效果的办法都可以纳入这个组合中来。

5. 共赢信念，诚恳沟通

股权激励一定要实现"共赢"。股权激励不是"肥"了个人、亏了公司的方法，更不是公司忽悠大家集资的工具。如果没有共赢的理念作为基础和准则，那么股权激励的方案也很难执行下去。

第四章 错误的股权激励方案怎么改?

· 联机学习区 ·

扫描右侧二维码,了解股权激励计划带来的影响。

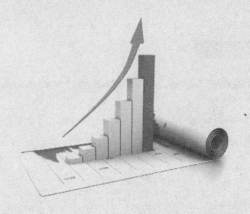

第五章

常见的 5 种股权激励模式

- 分红股主要是让股东享有分红权,一般不享有增值权,也不享有经营权,更无表决权
- 岗位股是比较严格的一种股权激励模式,它不仅要求员工在职,还必须在岗
- 要经过评估,股东才能入技术股

在日常工作中,我们经常会听到诸如技术股、岗位股等名称。在聚百洲的整个激励模式中共有10种股,分别是注册股、期股、在职股、岗位股、限制性股票、股票增值权、技术股、业绩股、分红股、期权。本章,我们挑出中小企业经常用到的5种向大家介绍。

第一节

公司好，你才好——分红股

分红股是企业管理者在进行股权设计时常用的一种股权激励模式。分红股，其中一种分红方式就是业绩分红。股东要满足以下4个条件，才有业绩分红：一是关键、重要的岗位，二是不好衡量、不好计算业绩的岗位，三是不好替代的岗位，四是本身无权查账的人。

哪些岗位人员可采用业绩分红方式呢？一般情况下，公司的销售总监、研发主管、行政主管、销售经理、业务员可采用业绩分红方式。不是太重要的岗位，如前台文员、采购人员、司机、保安，一般不采用业绩分红方式。

分红股的另一种分红方式是利润分红，利润分红就是提取一部分利润来分红。股东要满足4个条件才能获得利润分红。与业绩分红相比，前3个条件相同，第4个条件是，本来就可以查账的人。哪些岗位人员可以获得利润分红呢？总经理、财务总监都可以。

业绩分红也可以细分为两种情况。

第一，总业绩分红。比如，公司的总业绩为1亿元，公司拿出2%的比例进行分红。

第二，超额业绩分红。公司的总业绩超过一定的额度，将超额业绩进行分红。比如，股东可以约定好，公司将5 000万元以上的业绩拿出来分红，如果没有做到5 000万元的业绩就不分。

关于超额业绩分红，公司可以把超额的部分分为几个阶梯进行分红。比如，超过5 000万元的第一个2 000万元，拿出3%进行分红；第二个2 000万元，拿出3.5%进行分红；第三个2 000万元，拿出4%进行分红。超出的部分越高，分红的比例越高，激励效果就越好。

同样，利润分红也可以细分为以下两种情况。

第一，总利润分红，是指按总利润的一定比例分红。比如，公司总利润为2 000万元，老板拿出5%（100万元）进行分红。

第二，超额利润分红，与超额业绩分红一样，同样可以设置几个阶梯进行分红，效果会更好。

分红股要让员工买吗？这需要视情况而定。如果老板拿来做激励的股权总量少，分红不到员工工资的1/3，即所占的比例不高，就可以不让员工参与购买，可将其以奖金的形式发放。如果分红比例比较高，如分红为员工工资的两倍甚至更高，则可以让员工参与购买。

购买分红股的好处就是，可以解决内部平衡的问题。比如，公司把要激励的部分设置成200万股，股价定为每股1元，即10万元可以购买10万股。这种购买方式只是买公司的分红股。如果要送股，老板就要设置好送股规则。一般来说，规则可以让行政部的负责人来拟定。

分红股主要是让股东享有分红权，一般不享有增值权、经营权和表决权。

第二节

严格的激励模式——岗位股

岗位股是很重要的股权激励模式,其对岗不对人,认岗不认人,谁在这个岗位上,股权就是谁的。

有一家公司招了一名研发总监,当时公司的估值是 2 000 万元。这名研发总监进公司之后,老板给了他 5% 的股权,相当于 100 万元。老板当时对该研发总监寄予厚望,但是没想到,研发总监工作了 11 个月,什么成果都没有。该老板看出他有问题,便将其调离了该岗位。之后老板又招了一个新人,这次他吸取了教训,没有给新人那么高的职位,只称研发主管,而且也没有给他股权。没想到这个研发主管进公司之后,不但工作很卖力,而且很有想法,他仅用了不到半年的时间,就把之前研发总监 11 个月都没做出来的成果做出来了。刚开始的时候,这个新人非常有成就感,工作也非常卖力,积极向上,但后来他的心态变了。原来是因为他听说了前任研发总监工作成绩一般,但老板给了他 5% 的股权,并去工商局注册了。他想:"干同样的活儿,那人毫无成果都有 5% 的股权,我却什么都没有。"于是他的心情一落千丈，工作态度也变了。

由此可见，用岗位股做股权激励时，老板一定要把握好原则——岗位股就是在岗人员享有的股权，员工不在这个岗位上，就不再享有该股权了。

> **周老师提醒**　岗位股与在职股不一样。只要员工上班，就有在职股。而岗位股不仅要在职，还要在特定的岗位上才可以获得。

在做股权激励的时候，要把激励的对象进行分类。老板可以把被激励的人分为三类：第一类是必须持股才能上岗的人，不持股坚决不能上岗；第二类是可买股也可不买股的人；第三类是明明知道他不会买股，老板仍要给他讲股权激励机制。详细阐述如下。

首先，确定公司哪些岗位必须持股才能上岗。以聚百洲为例，第一，大课平台的讲师。这个岗位太重要了，如果不持股，坚决不能上岗。第二，公司的总经理，很多职能部门都归他管，他就相当于公司的"兵马大元帅"，这个人肯定是公司的股东。第三，常务副总裁，他是公司综合管理部门的负责人，也是公司的客服总监，公司的客户资源全部掌握在他手里，这个人也要成为公司的股东。

必须持股才能上岗的人一般是公司的一把手、二把手，公司的门面，如公司的形象代言人，以及部门总监。还有常务副总裁，此职务有风险连带性，也就是说，如果这个人走了，可能会给公司带来较大风险。因此，这个职位最好也规定持股上岗。

其次，可买股也可不买股的人。比如，公司市场部的总监，公司做股权激励时肯定会要求其购买股权。但是总监下设的管理人员，如销售经理、销售主管等，一般买股也可以，不买股也无所谓。

最后，明明知道他不会买股，老板也要给他讲股权激励机制。比如，老板的兄弟姐妹、老同学，或者以前的同事、上司。关于以前的同事和上司，老板之前为别人打工的时候，与这些人在同一家公司工作过，现在他们变成了自己的员工，变成了自己公司的高管。这类人在公司上班，如果对公司有特殊贡献，即使他们不买股，老板也要给他们讲股权激励机制。

我们做事的时候，不仅要合法，还要合情合理。对以上三类人，老板可以根据公司的具体情况实施股权激励。

在这里，我们不妨再追问一个问题：持股人在进行岗位调整时，其持有的股权该怎么调整呢？

岗位股有增值权、管理权、分红权，没有表决权。岗位股比较重要，持股人可能会面临以下4种情况，分别是升职、降职、调职、离职。面对这4种情况，我们应该怎么应对呢？

第一种情况，升职。应对办法是补差价，变更合同内容。比如，这个人原来是研发主管，现在升职为研发总监了。研发主管本来要求买10万股，但是研发总监要求买30万股，中间差20万股。研发主管当初买的时候是每股1元，现在需要补差价，20万股要补20万元。补款的时候是按照当初他购买的价格来补，还是按现在的价格补呢？这个问题我们可以参考期权的方式，给持股人设计一个任务，完成这个任务了，就可以用优惠的价格购买公司的股权。

第二种情况，降职。应对办法是退差价，变更合同。这种降职后还留在公司的人往往是很厉害的一类人，能屈能伸。

第三种情况，调岗。调岗也分三种情况：一是平级调，二是升调，三是降调。平级调的时候，公司直接给员工变更合同就行，因为不牵扯价格的变化；升调可按照升职的办法处理，降调可按照降职的办法处理。

第四种情况，离职，按照当初的约定退款即可。至于怎么退款，有哪些选择，在第八章退出机制部分有详细的介绍。

> **周老师提醒**
>
> 岗位股是比较严格的一种股权激励模式，它不仅要求员工在职，还要求员工必须在岗。有的人有可能会调岗、离岗，不在原来的岗位了，那么他的股权就没有了。公司可以把几种股组合起来用，即给某个人一部分岗位股、一部分在职股、一部分普通股。普通股或者在职股，员工离岗后还可拥有，但是岗位股在离岗后就没有了。
>
> 这就是岗位股的特点——在岗有，离岗无，条件非常苛刻，非常严。因为要求严，所以买岗位股的时候价格也低。

第三节

需要评估的激励方式——技术股

股权激励模式之一是技术股。严格来说,要经过评估,股东才能入技术股。可在实际操作中,有90%的技术股都没有经过评估,股东就入股了。此时的技术并不完善,股东很容易在选择技术伙伴时无法了解新伙伴的技术水准。

公司随意注册技术股,一旦出现问题,就会造成很大的麻烦。我们可以采用以下方法来避免问题。

比如,一名技术人员的月工资是3万元,你可以让他领取1.5万元,另外1.5万元作为其入股资金,即1年为18万元。如果公司估值为1 000万元,技术人员入股18万元,则拥有1.8%的股权。老板一定要事先与技术人员约定好,并且将技术人员对研发成果的承诺写进合同里。如果到时候能有相应研发成果,老板就给他约定好的股权。相反,如果未能达到预期的目标,就不给他股权,只给基本工资。

第四节

用成绩说话的激励方式——业绩股

业绩股同技术股一样。有的人来到公司,承诺到年底为公司创造 5 000 万元的业绩。如果到年底,他真的实现了 5 000 万元的业绩,公司就给他 5% 的股权;如果他没做到,就没有股权。

除此之外,公司还可以根据业绩评估来实施股权激励。比如,可以让业绩做得比较好的 1~5 名员工入股。

根据不同的部门、不同的岗位、不同的阶段,公司可采用不同的股权激励模式。总之,做股权激励要把不同的激励模式组合起来用,我们把它称为"10N 组合激励计划"。

第五节

在职则有，离职则无的激励方式——在职股

就目前来说，公司做股权激励用得最多的就是在职股。在职股的特点是在职则有，离职就没有了。

有一家公司做股权激励，2016年激励了8个人，效果还不错，但是到了2017年的下半年，两个在职股东走了，却还继续领取公司分红，而且要求一点儿都不能少领。剩下的6名股东心存不满，说道："这两个人都走了，还继续领分红，那我们也可以在离职后继续领钱，也不能少领。"

为了避免上述案例中的情况出现，公司制定在职股时，要做好、做到位，严格遵守"在职则有，离职则无"的宗旨。

有一名股东进公司时投入了钱，离职时想把钱留在公司继续支持公司发展。这样做当然不行，但如果公司让员工离职后把股权留下，把其投资的钱带走的话，显然又不够人性化。这里就牵扯到退出机制的问题了，因此公司需要建立股权退出机制。具体操作可以

在第八章退出机制部分查询。

· 联机学习区 ·

扫描右侧二维码,周老师会告诉你适合大中型企业的几种股权激励方式。

第六章

股权激励的"定海神针"

- 公司估值与公司的注册资金、净资产、营业额、纯利润没有必然关系
- 公司估值是一个人愿意买、另一个人愿意卖的结果,跟市场成交价有关
- 资产收益率代表了以小博大的能力水平

做股权激励，需要从15个方面进行通盘考虑，我们称其为股权激励的"15定"。这"15定"分别是定阶段、定目的、定原则、定对象、定认购要求、定时间、定价格、定数量、定义务、定权利、定分红规则、定增资规则、定交换规则、定转换机制、定退出机制。本章我们将介绍其中的"7定"。

第一节 定阶段

1. 各阶段激励重点不同

第一阶段是创始期，要打造左膀右臂，核心团队。

第二阶段是萌芽期，要打造运营团队。

第三阶段是成长期，要加强团队建设，公司快速发展，要增加精兵强将。

第四阶段是发展期，公司在前期已经打造了一批精英，这个时候要稳住团队，即使已经做了股权激励。因为老板做了股权激励，就暴露了自己的核心团队，同行知道这个公司哪些人能力比较强，就更有可能挖人了。

第五阶段是稳定期，要激发团队潜能。这时候公司做股权激励，人数更多，比例比较小。在稳定期，有些股东赚了第一桶金之后就没有原来的冲劲儿了。有些股东不同，不管赚了多少钱，仍雄心壮志不减。这时，公司就要激发整个团队的能力，不能让他们小富即安，要使其重新振奋起来。

第六阶段是衰退期。如果公司到了衰退期，做股权激励的时候，老板要把自己解放出来，完成企业传承。

这个时候做股权激励，人数要少，比例要大。第一年把10%的股权释放出去，经过五六年的时间即可把65%的股权都释放出去，老板留35%就可以了。因为企业业绩已经下滑，公司走了下坡路，如果这样一直下滑，到五六年之后，可能就倒闭了。通过这样的股权激励方法，老板可以把65%的股权释放给年富力强的人，由有能力、懂新技术的人完成企业的传承。这些人占股后会更努力、更拼命地工作，接力棒就能延续下去。

2. 人数、估值、条件、数量的阶段坐标图

老板可以通过各阶段的激励人数及激励数量分配坐标图（见图6-1），来了解股权在公司运作过程中的关系。

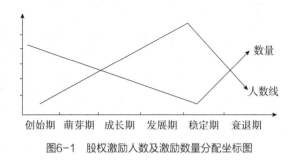

图6-1　股权激励人数及激励数量分配坐标图

掌握了这张图，做股权激励的时候，定的人数和股权数量在大方向上就不会搞错了。比如，看人数，做股权激励从创始期、萌芽期、成长期、发展期到稳定期，人数是越来越多，到衰退期人数就少了。到衰退期，老板不能激励太多人，人太多容易产生内斗。

第二节 定目的

1. 明确目的，制定策略

企业为什么要做股权激励？是为了提升业绩，解放老板，还是为了留住人才？这是老板要确定清楚的。

做股权激励，老板要有一个目的。有的老板觉得，做股权激励的目的就是招人，这个人来了，老板就做股权激励，用股权吸引他，以达到招揽人才的目的。员工还没入职，老板就与其谈股权，这种做法并不可取。

还有的老板做股权激励的目的是留人。比如，某个员工要离职了，老板为了留住他，就承诺给他股权。其实这样也不行，如果用这样的方式留人，所有员工都想要股权，如果老板不给，员工就离职，如此一来公司就会陷入麻烦当中。

正确的方法是釜底抽薪。釜底抽薪是指老板打造出一套完善的人才引进系统，既能源源不断地引进人才，也不会因为流失一两个人才而造成损失。

这套人才引进系统，叫作"7+3"人才裂变系统。

很多企业用这套系统解决了招人、育人、管人、留人的诸多难题，而且实施项目时几乎不用去招人，人才会源源不断地进来。重要的是，来的人相对来说素质还比较高，稳定性也比较强。

比如，某家公司的员工A引荐B来到公司，B引荐C来到公司，C又引荐D来到公司。A引荐了B，A就可以拿到B收入的7%，B拿C收入的7%，C拿D收入的7%，这是"7+3"人才裂变系统中的"7"。A经过B引荐了C，A又可以拿C收入的3%，然后B经过C引荐了D，B就可以拿D收入的3%，这是"7+3"人才裂变系统中的"3"。需要提醒的是，我们不建议搞三级提成制度，即A不可以拿D收入的某一比例。

A可以领到B收入的7%，如果B的收入是10 000元，那么A可以领700元。但这个提成是需要设定最低前提的，比如5 000元，B的收入大于等于5 000元，A才有提成，反之亦然。有的企业会把这个数字设定为员工A的保底绩效。

有人会问，为何要设定5 000元这个最低前提呢？因为这是"7+3"人才裂变计划，既然人才来到这里，就一定要有此人能力在这方面的证明（收入可以作为衡量指标之一），B的收入要大于5 000元，如果到了第四个月，B的收入还是5 000元，A就没提成了。这又多出一个数字——1 000，要求B每个季度递增1 000元收入，到第四个月B的工资要达到6 000元。每个季度增加1 000元，封顶是30 000元，B的工资达到30 000元就不再要求继续增长了。

2. 部门不同，比例也不同

上述方法主要适合销售部，其他部门就不一定适合了。这种方案的好处之一就是不会产生小团体。A可以获得B收入的7%，7%的钱都是公司出的，不是B出的。A引荐了B，B能不能进公司，最终还是公司老板说了算。另外，A引荐10个B、15个B、20个B，这些B不一定都安排在与A相同的部门。

如果那么多B全部放在同一个部门，则有可能形成小团体。但是不管与A是否在同一个部门，只要B的收入达标了，都跟A有关系。

如果公司是生产型企业，那么公司的员工根本不可能领取30 000元的工资峰值，这时候可以借鉴"7+3"人才裂变系统的方法，如采用"3+12"的方法，来解决招人、留人的难题。公司的员工只要帮公司介绍一个人，且这个人工作满3个月，公司就奖励介绍人300元。在被介绍人工作了12个月的时候，公司奖励介绍人1 000元。

在运用"7+3"人才裂变系统时，不一定非要是"7+3"，可以是"5+3"，也可以是"5+2"，这需要根据公司自身的具体情况而定。

3. 利用人才裂变系统可以解决4种人力资源难题

利用人才裂变系统可以解决4种人力资源难题，分别是招人难、育人难、管人难、留人难。

首先，解决招人难的问题。每当A介绍一个B进公司，B的收入达标后就会跟A有关系，B的同类人介绍得越多，A的收入就越高，A自然会不停地介绍人，这就解决了公司招人难的问题。

其次，解决育人难的问题。A要想领到提成，B的收入就必须符合要求。A自然会主动培养B，这样就解决了育人难的问题。

再次，解决管人难的问题。如果B的收入跟A没有关系，A不会天天想着管他。但是B跟A的收入挂钩，A自然会主动管B。

最后，解决留人难的问题。假如A介绍了10个B进公司，如果B都走了，A就什么都拿不到。所以A会想方设法地留住他们。如果其中某个B要离开公司，A也会去做他的思想工作。

第三节 定对象

定对象，就是企业的老板要搞清楚对谁进行股权激励，选择哪些人做股东。

无论什么公司，都不能将所有人一下子都变成股东，更不能不分轻重地进行股权激励，那样会导致公司出现问题。怎样来定对象？我们总结了一个准股东筛选漏斗，如图6-2所示。

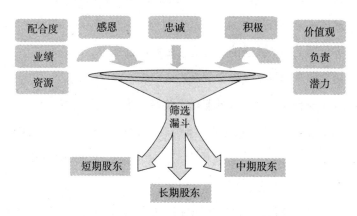

图6-2 定对象的9个原则和准股东筛选漏斗

长期股东的特质是感恩、忠诚、积极。

首先要懂得感恩。老板做了99件事员工都非常满意,有一件事不满意,员工就把99件事的好处全部忘了,唯独记住了那一点儿不好,这种人不懂得感恩。

其次要忠诚。如果某个员工非常有能力,但不忠诚,那么最终对老板的伤害会非常大。

最后要积极。企业在发展过程中有点儿风风雨雨是很正常的。如果遇到一点儿风雨,某个员工马上就说公司会倒闭,自然会给其他员工带来消极的影响,也会影响公司的秩序。

中期股东的特质是价值观正确、负责任、有潜力。

首先价值观要正确。如果股东价值观与公司发展不一致,则会导致公司的运营出现问题。在意见出现分歧时,很多时候并没有对错之分,就是价值观不一样。

其次要是个负责任的人,不能遇见麻烦事就推卸责任。

最后一定要有潜力。

满足以上三个特质的人才适合做中期股东。

短期股东的特质是配合度高、业绩佳、资源广。

首先要有配合度,双方配合比较好,才能做出业绩。

其次要业绩佳。业绩对一家公司是很重要的,公司小的时候,可以靠个人的业绩;等公司做大了,就不能只靠个人的业绩了,而要靠整个团队的力量。

最后要有资源,比如,认识别家公司某位高管。不过这种关系往往是不可持续的。

第四节 定估值

给企业估值，有 12 种必备的方法：市场报价法、十倍 PE 法、商业模式法、风险收益法、资产收益率法、现金流量贴现法、历史成本法、市销率 PS 法、重置成本法、市净率 PB 法、市现率 PCF 法、终值法。下文将选择几种常用的估值法进行介绍。

1. 市场报价法

对象确定下来后，股东即将产生，接下来需要确定一个非常重要的项目——价格。准股东会问，公司股权的价格和能购买的数量。首先，老板要给公司估值，如果股东不知道公司的价值，股权激励是无法进行的，更不用谈股权融资、股权转让和股权买卖了。

公司估值与公司注册资金没有必然关系。如果用 300 万元买了公司 10% 的股权，就意味着公司的估值是 3 000 万元，哪怕注册资金为 100 万元甚至更少。

有一个公司的老板,他想融资100万~200万元,优先考虑融资100万元。他觉得公司注册资金是500万元,融资100万元,刚好需要拿出20%的股权。这样估算是不对的,因为公司的估值不等于公司的注册资本金,而是等于老板对该公司未来的描述。

该老板找咨询公司做了融资方案,方案中有咨询公司对该老板描述的公司未来发展状况的内容整理。这位老板利用融资方案,一个星期内就融资了100万元,只用了5%的股权。他原以为公司只值500万元,没想到公司最后估值为2 000万元,等于多赚了1 500万元,减去应付咨询公司的钱,还赚了1 400多万元。

公司价值与公司纯利润没有必然关系。比如,公司的利润为100万元,而公司的估值仍然可以是3 000万元,哪怕公司利润是负100万元,公司的估值仍然可以是3 000万元。

怎样让公司的估值更加合理化、市场化呢?下面有两种描述方式,我们来看一下效果。

老板A描述如下。

"两个月前,我参加培训学习,班上有两个同学,每一个同学投了300万元,各自买了公司10%的股权"。这代表公司的价值为3 000万元。老板A在跟一位股东沟通时,股东想深入了解,其实就是想了解到底有没有这两个人,结果发现根本没有这两个人,"购买公司10%的股权"这件事并不存在。

老板 B 描述如下。

"两个月前,我来这里学习,班上有两个同学,每一个同学想付 300 万元买公司 10% 的股权。结果回去和其他股东一商量,没有一个股东同意卖的"。这意味着公司的估值超过了 3000 万元。

综上所述,公司估值是一个人愿买、另一个人愿意卖的结果,跟市场成交价有必然的联系,与公司营业额、注册资本、净资产、利润额没有必然关系。所以,市场报价是公司在销售市场的成交金额,代表公司的价值,是公司估值的一种方法。

2. 十倍PE法

十倍 PE 法也是我们经常使用的一种方法,就是用利润的倍数来估值。公司处于不同的行业、不同的发展阶段,利润的倍数不同。发展阶段一般按照利润的 3~6 倍估值,风险投资阶段一般按利润的 6~9 倍估值,PE 阶段一般按利润的 9~12 倍估值,成交阶段一般按利润的 25 倍估值,上市之后卖给股民一般按 30~40 倍甚至更高倍数估值,卖给二层股民(指上市公司重组后持股的股民)按 70~80 倍估值都有可能。

一家公司在常规情况下,估值是其利润的 6~10 倍,但是在股权激励时不能给员工按照 10 倍的利润计算。给员工做股权激励一般是打过折的,按照利润的 2~4 倍来计算的情况多一些。

通过以利润的 2~4 倍来估值可倒推出，企业做股权激励的年回报率一般在 25%~60%。不能要求太高，也不能太低，一般设为 30%、40% 就可以了。股权激励的目的是让股东能在 2~4 年回本。

老板做股权激励时，回报率若低于 10%，员工往往会有情绪。但回报率并不是越高越好。人在短期内拥有巨额资金后往往会变得浮躁，不好好工作。企业做股权激励时，岗位股一般按照利润的 2 倍来计算，在职股一般按照利润的 3 倍来计算，普通股按照利润的 4 倍来计算。这就是 2~4 倍的区别。

岗位股倍数比较低的原因在于，岗位股是比较严格的一种股权激励模式，在岗就有，离岗就没有。岗位股的条件高，价格自然就低了，回报率就会高一些。比如，某公司的利润是 500 万元，在以岗位股做股权激励时，公司估值 1 000 万元，个人投 10 万元相当于买了 1% 的股权。

3. 商业模式法

按照利润的倍数来估值，首先这家公司要有利润，如果公司没什么利润，是不是公司就不值钱了？答案是否定的。公司现在没有利润，并不代表其将来没有利润，也许其未来的利润很可观。对于这种情况，可以用未来收益贴现法估值。

公司现在没有赚钱，未来 3 年的利润也许很可观。如果未来 3 年还没有利润，那么可以改成未来 5 年的利润平均率；如果未来 5

年还是没有利润,可以改成未来 8 年、10 年的利润平均率。目前 10 年不赚钱的公司在中国只有一家——京东,它于 2004 年成立,2004—2014 年这 10 年间没有赚钱,而这 10 年中,京东融资了 200 多亿。公司虽然不赚钱,但非常值钱。

> **周老师提醒**
>
> 做企业主要为了两件事:第一,让公司赚钱;第二,让公司值钱。让公司赚钱是很重要的能力,让公司值钱是更重要的能力。特别是在融资的时候,就像京东这样的公司,虽然不赚钱,但在很多人眼中,特别是在众多大投资机构的印象中,它很值钱。如果你的公司过去没有赚钱,未来的收益非常好,那么也可以用未来 3 年或 5 年的利润平均率来估值。

投资人在投资的时候,通常会问以下 6 个问题,如果回答得完美,老板做股权激励的时候,员工就会争先恐后地购买公司的股权,投资人也会积极投资。第一,你的生意是否赚钱?第二,你的生意能赚多少钱?第三,你的公司是否赚钱?第四,你的公司能赚多少钱?第五,你如何持续赚钱?第六,凭什么相信你?这 6 个问题非常重要,即使投资人不直接问,他也会通过其他方式得到答案。

有人说,第一个问题和第三个问题是重复的。你的生意是否赚钱与你的公司是否赚钱,这是两个不同的概念。你的生意是否赚钱,是看行业趋势;你的公司赚不赚钱,要看公司的环境。

4. 资产收益率法

除了商业模式法之外，还有一种估值方法是资产收益率法，即投多少钱，赚多少钱。比如，有几家公司，第一家公司投了1 000万元，每年可以赚1 000万元；第二家公司不需要投1 000万元，投100万元每年就可以赚1 000万元，投资人会更倾向于第二家公司。第三家公司更厉害，不需要投100万元，投10万元每年就可以赚1 000万元，投资人就会投第三家。

资产收益率代表了以小搏大的能力水平。若公司投入越少，则盈利越多，则证明公司在市场上越值钱，以小博大的能力越强。

在并购的时候，要不要并购重资产呢？如果你想贷款，那么放贷方要看你有多少房屋、多少重资产抵押。但是资本市场不看这些，其看的是资产收益率，也就是轻资产。有些公司准备上市，厂房和土地很值钱，但为什么要剥离出去呢？因为厂房和土地一块儿上市会影响资产收益率，其股权就不值钱了。

5. 现金流量贴现法

现金流量法是公司估值的方法之一。公司的利润很低，但是现金流量很大的时候，可以用这种估值方法。比如，有家公司办公场所面积是130平方米，有8台电脑，总共11个人，除了老板、老板娘之外有9名员工。公司去年的利润有2 000万元，公司值一两亿。

有人想买，给老板 40 亿，老板没卖。为什么？因为这家公司的现金流量就有 25 亿。

这家公司是卖手机的，主营手机批发、手机零售。好多同行都嘲笑这个老板，说他傻，别人卖一部好的手机能赚几千元钱，至少也能赚几百元，他卖手机的时候，一台手机只赚 3~5 元，而且有的亏本都卖。其实老板不傻，他卖手机，现金流量很大，他把现金投到了医药行业，通过医药行业每年能盈利 4.5 亿。他不靠卖手机获利，而是靠现金流量投资赚钱。如果你的公司也是这种情况，利润不太高，现金流量很大，也可以用这种估值方法。

现金流量贴现法是将企业未来一定时期内的现金流量折合成目前的现值，以此来评估企业价值。估值时，首先要确定估算的时间段 t，依据企业在未来的盈利能力来合理预测企业在 t 时刻的现金流 CF_t（把企业所有的产品和服务都折合成现金），依据企业面临的的收益风险来选择合适的折现率 r（收益风险高，折现率也高，两者趋势变动），之后利用计算公式 $V=\sum_{t=1}^{n}CF_t \div (1+r)^t$ 即可得出结果，其中 n 为企业寿命。由于对盈利能力和收益风险的判断和假设会直接影响评估结果的准确性，所以要保证拿到完整的会计数据和真实的披露信息。

6. 历史成本法

还有一种估值方法是历史成本法，即按照公司之前投入的成本来计算。

公司一般不用历史成本法来计算股权。当老板卖公司股权的时候，买股权的人通常会问公司值多少钱。如果老板不知道，对方很可能会将过去投入的资金发票、收据整理一下，以该公司老板最开始投入的金钱买公司股权。通常来说，以这样的方法把公司的股权卖掉肯定会亏。因为这只计算了该公司老板过去投入的钱，并没计算他投入的时间、智慧、品牌等无形资产。所以，卖公司股权的时候一般不要用历史成本法来计算出售的价格，免得把公司的股权低价卖掉。

在以下两种情况下，可以用历史成本法给公司估值。第一，公司过去投了很多钱，现在公司在走下坡路。用这个方法估值的目的是收回本钱。第二，公司老板的身份发生了改变，他不是要卖公司的股权，而是变成了投资人，要买别人的公司、股权，这种情况下，他便可以考虑用历史成本法来估值。

如果你买别人的公司或股权，最好给别人溢价，哪怕别人没有要求。

张总和投资公司的周总是交往了很多年的朋友，关系很好，就是一直没有合作过。张总开了一家公司半年多，他提议两个人合伙来管理这家公司，周总愉快地答应了，问道："股权怎么分配？"张总觉得股权很容易分，回答说："咱们两个关系这么好，谁多谁少都不合适，最好平等相待、一视同仁，股权五五平分就行了。"

周总一听股权是五五平分,直接表示不要了。张总听他说不要了,以为周总嫌他股权给少了。他说:"你知名度比我高,你占六,我占四。"周总依旧说:"不要。"张总让周总直接说要多少股权。周总回答:"只要34%就行了。"

两个人计算怎么投钱,张总觉得,这家公司做了半年多,他总共投了20万元,周总占34%股权,直接按照吉利数字6.8万元来投即可。周总一听价格,马上摆手说:"不要。"张总以为要价高了,周总真计较,这么大的老板还计较这点儿钱,便说:"零头不要了,你就投6万元,可不可以?"周总依然摆手说:"不要。"张总说:"你这也不要,那也不要,到底想投多少?给个数字。"周总说:"我投20万元,只要34%股权就行了。"张总一听很吃惊,以为自己听错了,投资方竟然主动溢价了。

当然,如果周总顺水推舟,只投6.8万元,占34%的股权挺值的。因为张总现在对股权一窍不通,但是有朝一日他了解了股权的相关知识,就会发现自己吃了大亏。这家公司现在还小,以后有可能会做得很大,到那时候,张总就会认为自己辛辛苦苦经营的公司,周总投入了那么点儿钱,却拿走公司1/3以上的利润,心里定会感到很憋屈。待其了解股权的相关知识后,定会采取挽回其损失的措施。

> 所以，投资人主动给他提出溢价，这是厚道的做法。一流的人精明加厚道，二流的人精明加精明，三流的人不精明也不厚道。周总主动提出了溢价，这是精明加厚道。张总这家公司是轻资产公司，投资不干活儿的股东可以这样溢价；如果这家公司是重资产公司，投资也干活儿的股东就不一定这样溢价了。

7. 重置成本法

重置成本法和历史成本法不同。重置成本法是计算从现在起创建一个同样的公司要花多少钱，历史成本法是把过去的投入折现，但过去花的那些钱，现在不一定能建一家一模一样的公司。现在投入的钱不等于过去投入的钱，大公司经常用重置成本法来并购公司。

比如，2003年欧莱雅并购小护士用的就是这个方法，当时花了20亿元。有人说花20亿元有点儿不值得，但欧莱雅这次的并购案是经过核算的。在当时，要创建与小护士一模一样的渠道至少要花30亿元，而且花30亿元还不一定能做起来。后来的事实证明，这次并购非常成功。

· 联机学习区 ·

扫描右侧二维码，了解如何系统地对初创公司进行估值。

第五节 定价格

1. 定价格时需要考虑的因素

股价非常重要，买股权的时候，准股东非常关注两项内容：第一，价格，即每股多少钱；第二，数量，即根据股价和自己的资金，计算购买多少股。

做股权激励的时候，股东比较关心的往往也是价格和数量，尤以价格为重。在策划股权激励时，主要注重平衡问题，即股权激励给谁不给谁、给多少、价格高低等问题。

做股权激励，真正与定价格、定数量相关的因素包括工龄、业绩、职位、忠诚度等。业绩和职位都比较好理解，下面重点介绍工龄和忠诚度。

（1）工龄。

股权价格跟工龄息息相关。比如，公司已经成立10年，公司里的员工有的已经干了10年，有的可能只干了一两年。工龄不一样，对应的股价也不一样。做股权激励的时候，一般要先找出一个基准价，基准价定在中间年限的居多，有时候也定在比中间年限更长的年限。

比如，6年是中间年限，做股权激励时，工龄满6年的员工的股权价格是每股1元；工龄满8年的员工的股权价格应该低一点儿，每股0.9元；工龄满10年的员工的股权价格更低，每股0.8元；工龄满4年的员工的股权价格应该比6年高一点儿，每股1.1元；工龄满2年的员工的股权价格更高，每股1.2元。

定价格就是这么简单。虽然跟工龄有关系，但是也不能只根据工龄来定。股权激励，留人是留未来，工龄代表的是过去，所以还需要考虑另外一个因素，就是忠诚度。

（2）忠诚度。

考察一个人的忠诚度很简单，在公司经营困难发不出工资时，看员工是否愿意与公司共渡难关，是否愿意继续待在公司，待的时间越长，忠诚度越高。忠诚度可以通过员工承诺未来在公司继续做多久来量化，比如，有人愿意承诺10年，有人承诺15年、20年，愿意在公司继续干的时间越久，对公司的忠诚度就越高。员工打算未来15年不离开公司，未来工龄就可以写15年，以此类推。未来工龄在定价的时候也要先找基准价，基准价一般定在居中的年限。比如，每次做股权激励时，9年的未来工龄是每股1元。这个是假设，实际操作的时候每个公司可以根据自己的情况来定。

比如，9年未来工龄的员工购买是每股1元；12年未来工龄的员工购买，价格应该比9年未来工龄的低，即每股0.8元；15年未来工龄的员工,购买价格更低,每股0.6元;6年未来工龄的员工的购价就要高一些,每股1.2元,2年未来工龄的员工的购价为每股1.4元。这样未来工龄对应的全部价格就出来了。

假定工龄对应的价格用P_1表示,P_2表示未来工龄对应的价格,那么做股权激励时最终要定的价格则为(P_1+P_2)/2,如表6-1所示。

表6-1 股权激励价格表

序号	已有工龄(年)	股价(元)	未来工龄(年)	未来股价(元)	最终股价(元)
1	2	1.4	15	0.6	1
2	6	1.2	12	1.2	1.2
3	9	1	9	1.8	1.4
4	12	0.8	6	2.4	1.6
5	15	0.6	2	3	1.8

有两个人打算购买股权,A是12年工龄,未来工龄是6年;B是2年工龄,未来工龄是15年。对照表6-1计算他们的最终股价。

A=(P_1+P_2)/2=(0.8+2.4)/2=1.6(元)

B=(P_1+P_2)/2=(1.4+0.6)/2=1(元)

有人觉得,这样定价可能会有人不满意,如员工甲会问:"我的工龄都10年了,每股还要1.5元呢,员工乙工龄才2年,每股的价格就只要0.9元,为什么比我的还便宜呢?"这时,老板可以给他这样的合理答复:"如果你也选择工龄对应0.8元,未来工龄对应0.6元,最终价格是0.7元,就会比乙的0.9元便宜很多。"

老板做股权激励的时候，可以给年轻人多分一些，这样他们的积极性更高，在公司创造的价值会更大、利润也会更多，其实这是双赢的思路。

2. 定价格的关键点和周期

定价格有一些关键点。第一个关键点，价格差在策划的时候就不同，工龄价格差、未来工龄价格差不能一样，若工龄价格差为 0.1 元，那么未来工龄价格相差就要为 0.2 元，这是因为做股权激励是为了留人，为了公司的未来。价格差取决于过去几年的利润增长情况，我们可以画一个图，分别有时间横轴、利润纵轴，然后看利润增长情况。比如，有两家公司，公司 A 的利润增长线的角度较小，公司 B 的利润增长线的角度较大。角度越大，价格差越大，取决于利润增长的幅度，如图 6-3 所示。如果利润增长很小，可以把价格拉低一些，0.1 元、0.2 元、0.03 元等都可以；如果利润增长比较大，就可以把价格拉得高一些，拉到 0.3 元、0.5 元、1 元。

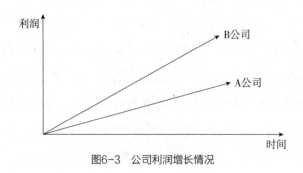

图6-3 公司利润增长情况

我们有时候会把未来工龄称为锁定期，锁定为 15 年、12 年、9 年等。影响未来工龄的因素有 4 个周期，定价格的时候需要结合这 4 个周期来考虑。第一个周期是政策周期，如果公司的产品跟政策的关联性比较大，那么定未来工龄的时候一般不要超过 10 年，因为政策一般 5~10 年会有变动。第二个周期是产业周期，如果公司做的产品是手机充电线，未来的充电线很可能被取代，那么锁定的时间不宜太长，可定为 10 年，产品跟产业周期都很重要。第三个是企业家的周期，企业家的年龄、周期也会影响员工的未来工龄。比如，有一个老板在 59 岁时做股权激励，他给员工锁定 18 年的未来工龄，显然，这个时间定得长了，因为企业家的周期因素也是要考虑的。第四个是员工的周期，公司做股权激励，如果员工现在已经 46 岁，那么锁定期可以是 8 年。但如果员工是 58 岁的女士，那么 8 年的锁定期就太长了。

3. 没有定价的股权，员工永远都嫌贵

股权的优点这么多，它到底是从哪来的呢？其实，股权是从创始团队或者创始股东那里来的。从某种意义上看，创始团队就像股权的父母，把股权"生"了下来。一些创始团队组建公司把股权"生"下来以后，便会运作股权，整合资源，整合人才，逐渐把公司做大。

而另一些创始团队把股权"生"下来以后，紧紧地抱在自己的怀里，攥在自己的手里，从不分享出去。股权全部在老板自己的手上，

或者在风投者手上。他们之所以没把股权共享出去,主要是担心分配股权分出问题。

老板分配股权,必然面临两个问题:第一个是分给谁,第二个是分多少。一提到分配股权,企业家的第一反应是先分给谁,马上想到的是公司的核心员工、核心团队。既然知道要分给谁了,那么下一步就是确定怎么分。

有的老板会想到免费送股的方式,但据以往经验来看,这样做的结果往往不能使人满意。因为在人性面前,"送给谁"和"送多少"这两个问题是很难找到标准答案的。

既然送股的方式不合理,那就用另外一个办法——让员工购买股权。公司设定一个合理的价格和最低限购数量,开放给员工来买。这个时候,多买的人到年底分红分得多,少买的人分得少,不买的人就只能颗粒无收。

在购买股权的时候,员工或许还是会觉得贵。其实这只是比较的结果,员工买了上市公司很多价格昂贵的股票,却不买自己公司价格便宜很多的股票,这让很多老板想不明白。举个例子,就能明了其中的原因了。

在北京,房子的单价各不相同。五环外的房价为每平方米5万元左右,二三环附近的房价是每平方米10万元左右,而且购房者还抢着购买,因为僧多粥少。小城市的房价每平方米3 000元,但很少有人购买,因为所有本地人都觉得那里的房子不仅贵,而且没人住。

其实，这里的问题不在于贵与不贵，而在于购买者对房子定价认可度。同样，股权贵不贵在于购买者对股价的认可度，前提是公司的股权已经定价。上市公司的股票是定价的，中小型公司的股权是没有定价的，没有定价的东西，总是让人感觉很贵，因为再有价值的东西，也需要用价格来呈现。

4. 员工觉得公司股价太贵的解决办法

员工觉得公司股价太贵，我们可以通过以下几个例子找到解决方法。

2015年4月，广州一家公司的张总找到一家咨询公司做股权激励规划。等股权激励方案做好，他回去执行的时候，员工总说股价太贵，张总不得不求助于咨询公司。

咨询公司的建议是，张总不妨先找一个天使投资人参与进来。关于天使投资人，张总没有一点儿头绪。咨询公司建议他找一个既认识又不太熟悉的天使投资人，经过一再提醒，张总找了他的一个朋友，也是一个老板，当时这个老板给张总投了60万元，占了2%的股权，公司估值是3 000万元。当时张总的公司一年的利润是500万元，咨询公司给他的估值是1 500万元。这个朋友买了2%股权以后，张总的员工全买公司的股权了。

文总公司的员工也觉得公司的股权贵，文总通过与5个好朋友合作，最终让员工都正视公司的股价了。文总是分三个步骤来彻底解决员工觉得股权贵的事情的。

第一步，文总回公司召集高管、员工召开了一个风投大会。风投人就是他的5个好朋友，这5个人到文总公司，每人将100万元投到了文总公司，文总相当于拉到了500万元的风投。第二步，5个投资人交完钱之后，每个人上台分享了一下自己多么看重文总这个人，又讲了一下投资文总公司的原因。这样员工就能感受到投资人对公司具有很大的投资信心。第三步，5个投资人演讲完，再派一个代表与文总谈判，着重谈后续成为股东的股权价格，不得低于这次估值价格，这是行规。文总表示需要给自己员工一个机会。代表表示可以，但只给一周时间，过期不候。员工将这一幕都看在眼里了，最后大家都想买股权，但是要求股价打折。这个时候文总就必须考虑其他股东的情况了，经过协商，最后决定内部员工股价打6折，员工都高兴地买了。

员工购买的原因有两个：第一，现在不买，以后股价肯定要涨；第二，现在买了，马上赚了40%。

读案例的时候，估计有人已经想到了，为什么这5位投资人都放心地投资了100万元呢，文总会不会拿着钱跑路呢？这得从两个方面来看。第一个方面，投资人在决定投资前肯定要去考察公司的情况，并不是马上就投资100万元的。第二个方面，5个投资人也会遇到做股权激励时员工说贵的情况，到时候，再用相同的方式邀请其他5个人来投资一次，循环往复，大家都没有亏，钱也没有少，而且股权激励做好了，员工工作也就更有积极性了。

公司的员工会认为，5位投资人如此看好这家公司，并决定投资，那么这家公司一定是很有发展前景的。如果能成为公司的一名股东，与公司一同成长、发展，让公司不断地发展壮大起来，会有很大的成就感，不仅可以提高自身的工作能力，还能获得丰厚的回报，当然不能错过这么好的机会。

> **周老师提醒**　这里需要考虑的是，员工为什么会觉得股价贵，核心原因是他们不懂得怎么衡量，自然会觉得贵。我们提供的方法有3个：第一，找到比员工更权威的人印证（投资人的参与）；第二，让投资人起到带头的作用（不要让员工成为第一个）；第三，不能让员工觉得人少，要让他们感觉有很多参与者（心理学上的羊群效应）。这套解决方案绝非是利用员工的担忧，而是为了更加有效地消除他们心中的疑惑，让股权激励的作用最大化。

第六节 定数量

除了价格之外,股权激励还有一个非常重要的因素,那就是数量。定数量需要特别注意,不能设定固定值。

1. 计算数量前要记住的3个公式

我们做股权激励有3个公式非常重要。

第一个公式,员工投入金额 = 每股价格 × 股数。比如,A 购买的价格是每股 1.1 元,买了 40 万股,那么 A 需要投入 44 万元。

第二个公式,投资回报率 = 每股收益 / 每股价格 × 百分比系数。比如,一家公司总分红是 1 000 万元,它的总股本数是 2 500 万股,每股收益 = 总分红 / 总股本数,即 1 000÷2 500=0.4(元)。如果员工当时购买的价格为每股 1 元,则当期的投资回报率 =0.4÷1×100%=40%。

员工投资的时候,非常关注的一个指标是投资回报率。

第三个公式是关于股东投入金额和分红金额的。分红金额 = 每

股收益 × 股数。比如,每股收益是 0.4 元,股数是 40 万股,分红金额 =0.4 元 / 股 ×40 万股 =16 万元。

这三个公式中较为关键的是投资回报率,30% 左右的投资回报率是适合的,不要太高,也不能太少,这样才会更有吸引力。

> 如果公司做股权激励,老板给一个员工的投资回报率是 36%,员工还不为所动,那么一定是该员工有其他的安排。如果这个员工是公司部门的负责人,职位非常重要,就应给他培养一个副手。如果没有安排副手,有朝一日这个负责人突然离职,那么公司有可能会措手不及。

2. 职位不同,限购数量也要不同

第一个关键点,购买股份的数量不能设置固定值。比如,总监 100 万股,经理 80 万股,主管 60 万股,普通员工 40 万股,这种做法是错误的。不能设置固定值有两方面的原因:固定数太高,员工的钱不够;固定数太低,员工不屑一顾。综合考虑之下,公司要设置一个区间值,因为老板永远不知道一个员工的购买底线是多少,很多时候是猜不准的。

在做股权激励的时候,老板要做两个指标:第一个指标是最低起购,第二个指标是最高限购。当员工知道优惠后的股权价格是每股 1 元,他说现在正好有 58 元,买 58 股行吗?这一定是开玩笑,为了避免严肃的事情被娱乐化,公司要有最低起购的要求。

关于设定最高限购的原因,我们可以举例说明。某公司打算拿出1000万股做股权激励,对内每股1元,对外每股2元。这时候有一个员工要求全部由他购买,他打算花1000万元购买,对外再打9折售出,每股1.8元,相当于净赚800万元,他可能都不需要拿出自己的钱了。这样显然就失去了股权激励的作用。

某公司做股权激励,激励的职位有总监、经理、主管、员工。限购数量可以这样设定:总监的最低起购是30万股,最高限购是90万股(一般来说,最高限购是最低起购的2~3倍);经理的最低起购是15万股,最高限购是40万股;主管的最低起购是8万股,最高限购是25万股;员工的最低起购是3万股,最高限购是10万股。一定要把最高数量和最低数量都限定下来。

仔细观察我们会发现,经理的最高限购是40万股,总监的最低限购是30万股,这样会导致经理有可能比总监买得多。不过,这也并不是不可以的。购买的数量是不固定的,需要视情况而定。做股权激励的时候,如果员工的境界比上级领导高,能力比上级领导强,忠诚度也比上级领导高,这个时候设置限购数量就可以让下级的购买数量高于他的领导。相反,如果下级的人各方面都不如他的领导,能力不如、境界不如、忠诚度也不如,那么老板设置限购数量的时候就尽量让下级的购买数量不要超过上级。也就是说,并没有固定的方案,要根据实际情况来制订。

3. 把限购数量变成刺激业绩增长的"兴奋剂"

老板可以约定，员工做了多少业绩就给多少股权。比如，某员工在公司是做研发的，老板可以约定，在规定的时间内，该员工若研发出了成果，就给该员工股权。数量可以与职务、业绩、研发成果挂钩。

业绩股可以根据员工完成的业绩量给股权。除此之外，业绩股还可以经过业绩评估引入，比如，公司进行股权激励，给业绩较好的前五名员工业绩股。

业绩股的规则也是要设置最低起购和最高限购。比如，在做股权激励的时候，业绩第一名到第五名的业务员，公司可以把最低起购设置成一样的。公司对最高限购的设计可以不同，因为员工的业绩是不一样的，公司要用最高限购拉开差距。可以这样设定：第一名到第五名的最低起购都是5万股，第一名的最高限购设置得最高，为30万股，第二名的最高限购是25万股，第三名的最高限购是20万股，第四名的最高限购是15万股，第五名的最高限购是10万股。一般情况下，最低限购可以设置为一样的，也可以根据公司的情况拉开差距，比如，让第三名、第四名、第五名是一样的最低限购数量。股权策划很多时候是一个创意，要结合公司的实际情况来设置。

第七节 定义务

除了定价格、定数量以外，股权激励还要定义务。定义务是指明确公司的股东需要履行哪些义务。比如，在谈价格、定未来工龄的时候，大家约定的锁定期，有的是15年，有的是9年，有的是6年，总有在职股东没有锁定工作年限，中途辞职的情况，这个时候就需要确定义务。在职股东违约了，这个规定有效吗？法律会保护公司的利益吗？通过下面这个案例，大家能更加明白定义务的重要性。

有一家公司，老板姓赵，公司之前与某个股东约定好了锁定年限，但是这个股东中途不好好工作了，这个时候就要定好退出机制，期权、法律条件都应约定好。这家公司的股权结构如表6-2所示，赵董事长的股权占39%，另外6个股东的股权加在一起占了46%。赵董事长做股权激励时拿出了15%。15%的股权结构是，赵董事长在15%里占55%，8名员工占了15%，另外6位股东占30%，这6位股东中有一个分公司的总经理姓刘，他占了15%。因为这家公司要上市，这15%是持股平台，不是分公司，将来这些持股人要到工商注册。

表6-2 公司股权结构解析

说明	赵董事长	6位股东	持股平台占公司总股比15%			
			赵董事长	6位股东		8名员工
				30%		
数值	39%	46%	55%	分公司刘总	其余5位股东	15%
				15%	15%	
所占公司总股比	39%+15%×55%=47.25%	46%+15%×30%=50.5%	15%×55%=8.25%	15%×30%×15%=0.675%	15%×30%×85%=3.825%	15%×15%=2.25%

在做股权激励一年半以后，分公司刘总不来上班了，公司董事长给他打电话说："作为股东不能这样随意不上班。"刘总说："虽然我不是大股东，但我也是公司的股东，不能要求我天天来公司上班。"公司催了好几次，刘总索性一天也不去了，结果公司开董事会，把刘总给除名了。将刘总除名之后，公司让刘总来变更营业执照，他不来。公司把他告上了法庭，理由是当时取得股权时签了合同，刘总不遵守规定，公司董事会有权利将其除名。

上述案例中公司做股权激励的时候在合同里面写了成为股东之后，退休、离职、被公司辞退、被调档、免职的时候，股东所持有的股权必须无条件转让给大股东，转让价格为投资本金加银行的同期存款利息。但是退出的股东可以享有分红，获得的分红无论在何种情况下退出股权激励，都不会被要求退还。

《合同法》有两大原则。第一大原则是自治原则，在不违背法律和社会公共利益的前提下，双方可以就自己的情况进行自治。第二大原则是诚实信用原则，合同约定了，就需要按约执行、遵守。上述公司的律师确定，这样的约定符合自愿原则，合同的内容没有违反《合同法》的规定，为有效的条款，视为对股权转让民事行为设定条件。

刘总表示不服，他找了一名律师进行辩护，辩护律师认为除名本质上是强制转让股权，违反了股权自由转让的原则，应视为无效。

虽然《公司法》没有除名的规定，但不代表公司不可以用公司章程和股东会决议对股东进行除名，法律没有禁止，公司可以自行约定。双方各执一词，谁也说服不了谁，最终法院判决书下来了，判决书是这样写的："公司具有人合封闭型，为发展安全的需要对于股东自然有特殊的要求，除名条款的出现正是适应这种需要，在不违反诚实性的原则下，法律并不否认除名条款的效力。"很显然，公司胜诉了。

做股权激励时能不注册就不注册，即使未来想注册，过了两三年的磨合期，再注册也不晚。

针对上面这个案例，在了解如何给准股东定义务之后，还需了解在实操过程中的一个非常重要的环节——企业上市持股平台股票代持。如果必须要做股东注册，那么如何构架持股平台？注册的时候，老板要先做好风险防范工作。最好做一个持股平台，把所有股权激励的人放在一个平台上。以上述公司为例，这家公司股权结构可以这样设计：有一个主体公司，股权分别是，赵总占39%，另外6个股东占46%，持股平台占15%。

第六章 股权激励的"定海神针"

做持股平台有三个好处。

第一个好处是可以起到防火墙的功能。如果没有做持股平台,那么在股权激励的这几个股东之间产生矛盾、纠纷、打官司的时候,内部矛盾这把火相当于烧在了主公司,这个时候,公司便上不了市。如果做了持股平台,那么平台内部的矛盾就不会影响到公司上市,持股平台就有了防火墙的功能。

第二个好处是可以避免股权太分散。如果把持股平台的这些股权全部分散到主体公司,看起来就很零散。股权散了,首先会影响上市,即便不上市也会影响后续投资人的进入。

第三个好处是有利于大股东控制公司。以上述公司为例,假如公司没做持股平台,赵总的股权在主体公司占39%,持股平台15%的股权里有他的55%,相当于占主体公司的8.25%,我们按8%算,39%加8%,相当于在主体公司有47%的股权。做了持股平台,赵总占了平台55%的股权,他获得控股权,赵总说了算,从47%到55%,相差不大,只有8%的差别,但是47%没有控股权,55%在这家持股平台公司就有了控股权,这种情况有利于大股东控制这家公司。持股平台可以做成有限合伙的形式。现在"新三板"不能做有限合伙,但是可以做资管计划。

> **周老师提醒**
>
> 在股权激励的整个系统里,除了上面提到的7个维度外,还有定原则、定时间、定权利、定分红规则、定增资规则、定交换规则、定转换规则、定退出机制8项。

【股事汇】 发好愿、头脑热，事后反悔，无奈大错已成；
换位聊、分开谈，巧妙让步，股权岂可讨论。

有一个公司，它的股权结构比较简单，99%的股权在张总手中，1%的股权在老板娘手里，没有对员工承诺过股权激励，不管是书面还是口头的。张总听了几节课，了解了大概内容后，开始找咨询公司进行股权激励策划，咨询公司报价近30万元。张总有些迟疑，正赶上临时有事，先回了公司。张总的计划是回去跟高管商量，商量后再做决定。

回去的当天他就组织8位高管开会，讨论怎么做股权激励。

有的说拿出10%做股权激励，有的说20%……其中有一位高管觉得自己对股权略知一二，知道股权有几条生命线，其中一条生命线叫绝对控制线，是占股67%。他说："我觉得公司还处于发展阶段，不管怎么做股权激励，老板一定要掌握绝对的控制权，所以老板一定要占到67%，可以把其他的股权拿出来做股权激励。但是67%这个数又不太好听，老板占68%比较好，除去老板娘1%的股权其余31%就拿出来给大家做股权激励吧。"张总一听这位高管的话，觉得他是站在老板的角度在考虑问题，一感动立即决定把31%的股权送给大家做股权激励。

那8位高管都十分高兴。会议结束后，张总开车回家。他突然醒悟过来，公司净资产为6 500万元，送31%的股权给员工，他相当于送了2 015万元，当时他就后悔了。后来，张总找到咨询公司要求按照净资产6 500万元计算，将激励的股权控制在10%以内。

咨询公司给出的方案是，拿出24%的股权做股权激励，估值按照5 000万元计算。虽然张总给出的两个条件咨询公司都没有做到，但咨询公司让这8位高管都买了股权，相当于帮张总收回了1 200万元的资金。

咨询公司在接手策划这个案子之后，做了一个前期调研分析，把公司的股东背景分析得一清二楚，做了未来5年规划，对公司股权的投资回报率进行了精算，起草拟定了跟股东签的合同协议。做好这些前期准备工作之后，咨询公司让其中3位高管来咨询公司的办公场所，以此保证谈话过程不会受到干扰。这3位高管是员工中的核心人物。咨询公司问完他们的情况后，发现他们在广州都有自己的住房，购买住房款是两三百万元。咨询公司问他们："将价值两三百万元的房子送给我们，可以吗？"他们说："那怎么可能，傻子才会把几百万元的房子送给陌生人。"咨询公司反问道："既然你送一栋两三百万元的房子都不愿意，那为什么要求老板送8栋房子给你们？"他们说："谁让老板送8栋房子了？"咨询公司分析说："你们让老板将6 500万元公司的固定资产的31%的资金以股权激励的方式送给你们，这不就是送2 015万元，相当于送了8栋房子吗？"

他们听后全愣住了，都说不出话来。

个人财产除了房子之外还有什么？车、股票、股权、现金、债券等。股权属于个人财产，送股权等于送钱。他们知道公司当年利润是2 800万元，对公司发展很有信心，并且各自在银行也有存款，但利息率不高。为什么不把钱放在公司呢？咨询公司向他们展示了未来3~5年这家公司的投资回报率，还请了精算师到现场核算。这三个人都没想到投资回报率这么高。他们知道咨询公司的潜在意思，都想购买公司的股权，问题是公司的估值是多少，怎么购买。

这家公司当年的利润是2 800万元，正常情况下，这家公司估值是一两个亿，但公司老板是个非常好的人，不按一两个亿来估值，按净资产6 500万元估值。其中有一位高管提出异议，他觉得6 500万元太高了，在公司一穷二白的时候，他们就来了，公司有很多财富是他们创造出来的。另一位高管也开始讨价还价起来，要求打5折，只要同意，现在就可以购买。第三位高管也开始帮腔。经过讨论，最终按照8折去掉零头算，就是5 000万元，三位高管终于同意购买股权了。

这三位高管是公司的领导，很有影响力，他们购买后，很多员工跟风，最后总共有34个人买了公司的股权，加在一起共占24%，所以咨询公司相当于帮张总收回了1 200万元。有些员工不能一次付款，便采用了分期付款的方式，分10个季度，

第六章 股权激励的"定海神针"

每个季度共付120万元，34个人平均每个季度每人支付约3.53万元，这样的支付方式对员工来说也没有特别大的压力。

在这个案例中，关键点在于送股权等于送钱，因为股权也是个人财产。

> **周老师提醒**
>
> 如果想更完美一点儿，咨询公司不要同时和三位高管一起沟通，而是和这三个人分开来谈，他们就不会联合起来讨价还价了。做股权激励，老板不但不能与员工讨论，甚至都不该与个别员工私下讨论。

第七章

打造落地股权激励方案的系统秘招

- 生意逻辑分析表让你清晰判定公司的盈利能力
- 股权激励的实施一定要按步骤进行
- 股权激励不是独立的计划,而是系统的方案股权激励只是一条线——中轴线，必须配上其他的计划共同执行。比如，配上竞争计划、旅游计划、实物奖金计划、期车计划、期房计划和好的薪酬制度来执行。老板不能做独立的股权激励，而要做一个系统计划。

第一节 股权激励策划不能公开的9张表格

为了避免股东之间闹矛盾，公司可以根据表7-1所示的内容，制定对应的9张表。做好这些后，公司的事情"谁说了算""谁来定"就会一清二楚。如此一来，公司就不会乱了，因为每个人的权限都非常清楚。

表7-1 股权基础策划流程

步骤	内容
1	权限划分
2	股东背景分析
3	生意逻辑分析
4	投资回报分析
5	股权布局及公司架构
6	股权认购
7	期权认购
8	增值收益
9	执行计划

第一张表是权限划分表。对每一个股东进行权限划分，做好以后，就可以定股东了，定股东一定要做到 8 个字——知己知彼，百战不殆。知彼，要知道股东的背景。不管要给这个人 10% 还是 20% 的股权，老板只有知道了股东的背景，才知道数字是否合情合理，这就要求我们做一张股东背景分析表。

了解完股东的背景之后，还要知己，知道自己的公司能不能盈利，未来有多大利润。不管公司是做股权激励还是引进风投或投资人，必然会面临人家提出的 6 个问题（前文第六章第四节已提及）。怎么解决这些问题？如何知道生意赚不赚钱、公司赚不赚钱？这时候就需要生意逻辑分析图或生意逻辑分析表。做好这个表，能把逻辑引出来，知道生意是怎么运转的，就可以跟投资人或者员工讲清楚了。

生意逻辑分析表只能解答公司的生意赚不赚钱、公司能不能赚钱的疑问，但是没有解答能赚多少钱的疑问，所以还必须要做下一张表——投资回报分析表。老板要清晰地告诉股东，投资以后连续 5 年的盈利情况，以及平均每年的盈利情况，并且数据尽量不要有偏差，要清晰、准确地告诉对方。怎么利用这张表呢？假如有一个项目，通过分析表分析出投资回报率预计每年高达 50%，那么大家都会想投资。

分析表做出来以后，根据股东背景、投资回报，再把公司的股权布局做出来，即要做股权布局及公司架构表。做股权策划，一定要做到全盘布局、分段实施，从现在开始到上市 IPO 以后，都要布局出来。有人会说，他的目标不是上市，而是把公司卖给大公司，实现增值,那就从现在开始布局,布到被并购的时候。如果没做好股权布局,今天卖掉5%,明天卖掉10%,后天卖掉15%,最后公司失控了,老板后悔都来不及。很多人面临的80%以上的问题,都是公司早期没有做好布局、没有做预测所导致的。

做好布局以后,就可以根据公司现阶段的目标决定做什么。比如,要做股权激励,就把股权激励这一环拿出来,做成一套股权认购表和期权认购表。股权认购表是股权激励的"15定",即定价格、定数量、定规则、定退出机制等。做股权激励的时候,除了要激励那些拿到股权的人外,还要激励那些没有拿到股权的人。

在让优秀员工成为股东的同时,老板也要考虑如何借助这样的机会,充分激励那些还没有拿到股权的员工,通过在他们心中树立"我也要成为公司股东"的目标,充分激发出他们的潜力。在仪式上,不妨向大家做如下表态。

"今天台上的员工,由于表现优秀,满足了认购公司股权的条件,很幸运地成为公司的股东。在座的各位不用着急,明年、后年,公司的股权认购照样对大家开放。只要努力工作,用成绩说话,完成公司的目标,也有可能成为公司的股东。我期待在下一次的大会上,在座各位的名字能够出现在名单中。"

员工来到公司以后,如果询问公司三五年后股权的增值情况,这代表他没有看清楚未来。老板需要做一个增值收益表,把公司未来的趋势描述出来,把未来的涨幅规划出来。如果老板对公司都没有信心,又怎么把信心传递给别人?一个企业做大的过程,就是老板把他的信心传递给更多的人,让更多的人一起共同实现梦想的过程。

之后再做增值收益表和执行计划表。什么时间执行,先找谁,要有步骤。在哪里谈,以什么形式谈,是开大会还是开小会,是一对一还是一对多等,都需要明确。一定要有计划性,这非常重要。

股东会决议、董事会决议、公司章程、股东名册,这些都可以公开。还有一个可以公开,叫作定向宣传PPT,或者叫定向宣传文案。公司老板不能拿天使投资的资金去定员工的股价,也不能拿员工的股价去定天使投资的股价,不能拿第一轮的股价定第二轮的股价,不能拿员工的股价去定总经理的股价,不能拿总裁的股价去定总经理的股价,一定要做到定向,所以"针对谁"很重要。不可以公开的是协议,真正执行的时候,就一套PPT、一套协议,如果对方询问相关问题的数据,再把相关的数据调出来。

做好以后,把这9张表格融合起来,又称为"九赢真经",这一套表格的内容是不可以公开的,自己公司内部人、股东或核心股东知道即可,否则可能会影响最终效果。

第二节

股权激励实施的9个步骤

公司策划得再完美,如果不去执行,一切都等于零。如果去执行的人不行,效果也会大打折扣。也就是说,如何执行非常重要。以聚百洲为例,我们对股权研究有近10年的经验,对于股权激励怎么做,怎么执行,通过不断积累,总结了股权激励执行的9个步骤,如表7-2所示。

表7-2 股权激励执行的9个步骤

步骤	内容
1	做好全面的策划
2	举行见面会
3	首轮访谈调查
4	二轮宣传
5	三轮洽谈讲解
6	认购
7	签约

续表

步骤	内容
8	宣讲期权模式
9	宣讲规则

1. 做好全面策划

明确在哪里策划,在哪里执行。咨询公司不能去公司走访,原因有两点:第一,效率非常低;第二,机密外泄。

企业要先做好充分准备,老板回公司摸底分析,剩下的就是请咨询师上门辅导执行。咨询师只是辅助老板,并不是真正的主导,老板才是主心骨。

在公司的时候,老板和咨询师一定要配合。老板和咨询师需要梳理股东会,确定先通知谁,再通知谁,不要一到公司,就把所有的股东都叫来。

2. 举行见面会

到公司以后,要举行拟激励对象的见面会,见谁、不见谁,必须提前安排好。目的是筛选目标人选,依次优化方案。找一些代表来沟通,在沟通的过程中,有可能发现老板提供的信息有偏差,从而导致方案有偏差。

方案不可能一次性就做好,需要不断完善,在执行过程中也需要不断补充。并不是咨询师做了一套方案之后,就完全没有问题了。而是要在执行过程中发现问题,解决问题,并不断优化方案,进行调整。

3. 首轮访谈调查

开始第一轮访谈调查,目的是分析购买意愿,谁会买,谁不会买;谁会买多,谁会买少,然后进行二次优化方案,这时候只是意向。分析购买意愿,并没有真正去谈。

4. 二轮宣讲

一定要记住,调查访问之后,要进行宣讲,可以讲解方案的细节,专家可以展望公司未来。这需要有数据,进行推论,包括应用了什么原理,经过哪些测试,公司未来的现金流情况,未来的业绩情况,未来的利润情况,未来的市场增长情况等。

5. 三轮洽谈讲解

三轮洽谈讲解,洽谈细节。这时候要确认细节,股东认购签约。双方确认细节,不要现场成交,万一股东回去想不明白,第二天要求退股,就会增加不必要的麻烦。老板必须将退出、违约、中间怎么进、价格、原则等内容,一条一条地讲清楚,要让对方买得明白。

6. 认购

现场排队签字，正式成为股东，股东认购签约。

7. 签约

举行签约仪式，股权激励宣讲，颁发股东证书。注意，不要搞错了步骤。股权证书发放之后，老板上台讲话，老板讲话不是定规矩，而是讲感恩之情。讲完以后，小股东上台讲，然后是新股东上台讲。

"在座的各位兄弟姐妹，我们公司通过8年的打拼，能获得今天的成就，在行业中有这样的地位、身份，是在座所有的兄弟姐妹一起努力的结果。没有大家在前线'浴血奋战'，就没有公司的今天。所以，我在此代表公司向大家献上深深的敬意，向大家表示衷心的感谢。"

新股东上台讲进公司的感受。

"各位兄弟姐妹，我在5年前还是一个应届毕业生，来到了北京，谁都不认识，什么也不懂。进入这个行业，完全是一张白纸，是因为我们的老板——我们的董事长，给了我这个平台和机会。我做错了，他包容我；我失去信心了，他不断地鼓励我。是他耐心的栽培，一次又一次的激励，让我有了今天的成就。非常感谢我们的公司，是我们的公司让我拥有了这一切，所以接下来，我会把我下半生的时间，奉献给公司，全力以赴。"

8. 宣讲期权模式

做股权激励的最高境界是要做到全面激励，不但要激励已经买了股权的人，还要激励没有买股权的人。

9. 宣讲规则

讲规则，如股权变更、计划流程、代持、协议、签订等。

第三节

股权激励执行的5个要素

在执行股权激励的过程中,公司还要注意5个要素。

第一,环境对象。对象不对,不要执行;环境不对,也不要执行。

去年,有位老板把股权激励方案做好了,准备与准股东投资人沟通。结果投资人来的时候,带来一个女人。这个老板讲了不到5分钟,投资人带来的女人说了一句:"就是股票嘛,我上个月在股市里面亏了200多万元,还搞什么股票。"投资人一听,觉得股票亏200万元,股权也可能亏200万元,就不投了。

第二,不要打草惊蛇。在方案出来之前,老板必须做到四个字——守口如瓶。

第三,一定要做到定向运用。比如,有一个老板把方案做好了,他的一个股东让他把方案发过去,结果他把"九赢真经"发过去了。对方打开看到了股东背景分析资料,而这些资料是比较敏感的,并且不太适合直接交给投资人,因为有些内容可能会引起对方的误解。结果,准股东取消了购买计划,就是因为没有做到定向。

第四,要灵活应变。方案是"死"的,人是活的。

前年,有位老板让咨询公司做了一套方案,包括全面的数据精算,设定股价为 3 元的基础价。他约了一个投资人过来谈,结果刚开始谈,投资人就要压价,想每股 2 元。双方谈了 10 多天,对方只愿意出 2.8 元,这个老板还是坚持"少一分都不卖",最后没谈成。

遇到这种情况,老板必须提前查看股东背景分析表,了解这个人的性格。如果发现这个人是磨磨叽叽的性格,老板可以在基础价上每股增加 1.15 元,报每股 4.15 元。谈判几次后,老板可以大方地说,可以卖每股 4 元。

这里特别提醒一下,如果这个股东入股以后,发现别人买的价格是每股 3 元,他买的价格是每股 4 元,怎么办?老板可以告诉他,这 1 元是时间成本。做生意,不可忽视时间成本,有钱难买时间。这个股东耗费了老板很多的时间,而被耗费的时间其实是可以创造其他收益的,这也是一种灵活应变的方式。

还有一个需要灵活应变的地方是,当别人说我们的方案很差的时候，我们该怎么办？我们可以用一招解决，让他无话可说，并且让他心甘情愿地入股。

有一位老板姓徐，找咨询公司做好方案后，约了一个投资人过来谈。刚给投资人介绍了不到5分钟，投资人直接打断了徐总的话，并且把方案从头到尾批得一无是处，最后的问题是，他认为徐总公司股价卖得太贵。

不管对方如何嫌弃方案，徐总面对这种情况只用了一句话回复。

"这正是你现在就要加入的原因。"别说错一个字，说完以后，看对方的面部表情，接下来跟他半开玩笑地说："等到我们方案完善了，你还有这个机会吗？"同样，当对方嫌弃你的产品还不够好，你的团队还不成形，你的公司还没有盈利时，都可以回答："这正是你现在就要加入的原因。"

第五，组合手段。股权激励只是一条线——中轴线，必须配上其他的计划共同执行。比如，配上竞争计划、旅游计划、实物奖金计划、期车计划、期房计划和好的薪酬制度来执行。老板不能只做一个独立的股权激励，而要做一个系统计划。

某公司的一位老板，拿到咨询方案回去落地实施，第一个员工听后，表示不要。咨询公司给了这位老板一个建议：不要直接让员工购买股权。这位老板换了一个思路去沟通，结果员工都争着要购买股权。我们来看看这位老板是怎么做到的。

消息不是老板自己讲出来的,而是找公司另外一位副总沟通,得到消息的副总是这样传递消息的:"我跟你透露一个消息,今年年底公司要提拔两个副总,销售部和生产部各提一个。我没跟别人讲,只跟你讲了。同时再告诉你另外一个消息,公司一年的利润1 000多万元,我们老板很有格局,这次要把股权分享给我们,你赶紧准备一下。"消息一传十,十传百,员工得到消息后都开始兴高采烈地准备购买股权。

老板做股权激励,没人要买的时候,不妨运用话术解决问题。当对方说"我不要"的时候,老板只要说一句"××也买了"就足够了。

再者,股权激励一定要组合其他的方案。员工比较关心的是薪酬,在做股权激励时,老板可以优化薪酬来配备股权。薪酬设计要实现四个目标:第一,要有积极性;第二,要有约束性;第三,要有合法性;第四,要有全面性。

其实,如果单从某个角度讲,股权也是薪酬中的一种。薪酬分为两个方面,即外在薪酬和内在薪酬。外在薪酬又分为两个方面:一个是货币薪酬,包括岗位工资、竞争工资、年终工资、绩效奖金、股权、分红等;另一个是非货币薪酬。内在薪酬分为三个方面,即工作回报、组织特征、工作环境。股权与薪酬基本上是密不可分的。

第七章 打造落地股权激励方案的系统秘招

把股权激励设计方案做好以后,也可以顺便把薪酬方案优化升级,因为薪酬体系也是一种激励方式。

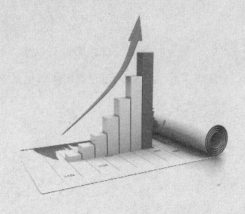

第八章

让股权激励有个完美的结局

- 协议赔偿是较常用和较公平的股权退出方法
- 在职股可以按照工作年限设置继承比例
- 股东退股时需要签订股权退出协议

股权退出机制,一般可分为违约退出和期满退出。违约退出有10种情况,期满退出有11种方式,还要注意退出的流程和退出协议签订的关键点。

第一节 违约退出的10种情况

如果某个股东入股之前,自己锁定5年,结果没到5年就退出了,这就构成违约,要按照违约退出的方式退出股权。

违约退出分为10种情况,如表8-1所示。

表8-1 违约退出的10种情况

序号	违约退出要点
1	自愿放弃
2	强制收回
3	协议赔偿
4	按普通投资人计算
5	自愿放弃部分相应权利
6	上市退出
7	转让第三方
8	与其他股东协商转让
9	继承
10	被并购退出

1. 自愿放弃

比如，某股东锁定 5 年，但提前退出了，这就相当于净身出户，一分钱拿不到。"自愿放弃"这个词看似温文尔雅，其实是最残酷的，只要中间退出了,股东投的钱一分钱都拿不到。合同可以这样写："如果股东在约定期内退出，则视为将持有的股权无偿捐献给公司。"

2. 强制收回

只要股东退出了，就无条件转让股权，股权被收回。虽然带有强制性，但没有第一种残酷。自愿放弃是一分钱拿不到；强制收回，虽然公司把股权收回了，可能不给钱，但也有可能给钱。

3. 协议赔偿

这是比较常用的，也是比较公平的退出方法。一般按照协议，股本金可以退回，但是要进行赔偿。赔偿是双向的，如果股东在约定期内退出了，则要赔偿公司；公司在股东没有任何过错的情况下把股东辞退了，同样要赔偿股东。

可以量化违约金，赔偿的金额通常是投资本金的一定比例。可以设定违约的等级梯队，虽然股东违约了，但违约的严重程度不同，赔偿金额也会不同。比如，股东锁定 5 年，虽然第一年离开和第四年离开都是违约,但前者更为严重,二者违约程度不同。

4. 按普通投资人计算

普通投资人是相对于公司的员工、公司内部的人来说的,按照外部投资人来算。

5. 自愿放弃部分相应权利

比如,人退股不退,但对应的权利也要放弃,包括经营权、管理权、选举权、被选举权、表决权等权利都要放弃。老板要与股东签订协议,让其放弃这些权利,否则人都不在公司了还管事,会产生很多麻烦。股东一定要做到,不在其位,不谋其政。

6. 上市退出

比如,某股东入股之后锁定 8 年,公司第二年就上市了,按照证监会的规定,通常来说,上市 3 年之后退出很正常。也就是说,虽然锁定 8 年,但是上市之后 3 年或 5 年这位股东退出了,这不算违约,可以豁免违约赔偿。

非上市公司在启动上市之前,要取消以下 4 类条款:第一类是代持,第二类是回购,第三类是兜底,第四类是对赌。因为这些条款会影响上市。其中最重要的一点是取消代持,代持会导致公司上不了市。撤销之后 3 年之内，公司还没有上市，这些条款可以自动恢复。

7. 转让第三方

首先，转让第三方行不通。有可能股东违约了，未到锁定年限就把股权卖给其他人了，这肯定不行。否则，公司要求股东锁定 5 年就没有任何意义了。如果不做任何限定，这位股东可能会不好好工作，反而天天琢磨着卖给谁能有更高的价格。

8. 与其他股东协商转让

小股东持有的股权本来是从大股东手里买的，他不让大股东回购，而是要卖给二股东，因为二股东给的价格比大股东回购的价格高，这种情况不可以。如果这样做，大股东和二股东就会产生矛盾。所以合同上要写清楚，转让的时候，大股东保留有限认购权。这个原则就是，股权从哪里来就回哪里去。

9. 继承

人走了，股不退，以后留给子女继承。《公司法》第七十五条规定，"自然人股东死亡后，其合法继承人可以继承股东资格；但是，公司章程另有规定的除外。"自然人股东走后，当然，这个"走"有多种含义，其合法继承人可以继承股东资产。但是法律又用了一个转折，公司章程另有规定的除外。也就是说，公司章程可以规定不让继承。如果公司章程没有规定，就按照股东会决议。如果股东会没有相关决议，也没有其他约定，就按照所签的合同协议。

10. 被并购退出

比如，一开始说的是锁定6年，但是2年之后这家公司就被别家公司并购，大股东都退出了，这个时候鉴定小股东退出是否违约，也要看当初的约定。如果公司被别家公司并购，或者老板想把公司卖掉，就可以约定得更仔细一些。比如，可以这样约定，根据并购方的意愿决定是否可以退出，如果并购方要的是报表、业绩、资产，看重的不是人，股东就可以退出。如果并购方看重的是团队，就约定继续锁定。原公司老板要将当初签订的回购义务、兜底条款等承诺一起转让给新的老板，并与他签订合同，履行相应手续。

第二节

违约后退股的3种解决方案

在股权激励过程中，针对违约的处理会有3种方案，具体思路如下。

1. 人退股不退

人不在公司干活了，但是投的钱可以继续留在公司，支持公司发展。人走了可以保留股权，但不能原封不动地保留。

正确的处理方法是实行股权转换，这里面有很多技巧。比如，有个股东买股权的时候，价格为每股1元，5年锁定期，但他提前走了，每股1元就转换成了每股2元。当时他入股的时候，约定要干5年才走，所以公司给了他优惠价——每股1元，结果他只工作了1年就要走，这个优惠价就没了。这样换算之后，如果当初该股东入股的时候，每股1元，他出了10万元买了10万股，那么转换成每股2元，股数就从10万股变成了5万股。这样就多出来5万股，这5万股从哪里来回哪里去。如果这5万股是公司增值扩股做股权激励的，这个股权就回到公司。如果是老板拿出来的股权，就回到老板那里。

股东第一年走和第三年走的股权转换，是可以存在差异的。如果第一年走，可转换成每股 2 元，原来的 10 万股变成 5 万股；如果第三年走，价格可以转得低一些，如每股 1.8 元；第四年走，转换的价格可以是每股 1.5 元。走得越早，违约越严重，转换的价格也就越高。如果转换成每股 2 元，股东想再补 10 万元，保留他的 10 万股，双方协商即可。

以上内容，都应前期在合同中写明详细情况及相关约定。

2. 人不退股退

人不走，继续留在公司工作，但由于种种原因需要退股套现。这个时候，要看具体的情况来退钱。比如，某股东的家人生病了，急需用钱，虽然退股，但他肯定还会在公司好好工作。

对于股东家人得重病这种事情，老板一定要了解一下具体情况，然后自己或派其他人代表公司去看望。如果情况属实，那么老板可以动员全体员工为他捐款，这位股东会感受到老板的真诚和关心，会更愿意留在公司打拼。

当然，有的时候会出现剧情逆转，如员工说了假话，他拿了钱之后，有可能会离开。老板对待这种员工，最好的办法是及时止损，莫强留。

通过分析总结，员工说假话无外乎4种原因。

第一种原因，他对公司失去信心，就跟炒股一样，他认为这只股票没什么前途，想抛掉。如果员工对公司失去信心，不看好公司的未来，那么，原因在老板身上，老板要好好反省自己。员工在公司有两种"渴望"：第一种是钱包鼓起来，能够赚到钱；第二种是精神方面的渴望，老板要不断地给他坚定的信心。如果员工对老板失去了信心，也不看好公司，认为公司没什么前途，老板就要及时给予员工承诺，为他兜底，让他对公司重拾信心。

第二种原因，老板失信于员工。由于公务繁忙，老板有时候跟员工说了什么，转头就把这件事忘了。虽然老板忘了，但员工却记得非常清楚，老板在某个时间、某个地点，以什么样的表情说了什么样的话语，他历历在目。如果是这种情况，老板可以找到该员工，向他解释，并诚恳地希望对方给予提醒，这样老板便可以重新得到员工的信赖。

第三种原因，有同行挖该员工。当老板做了股权激励后，员工更有可能被挖。因为老板激励的人，一定是公司的顶梁柱。如果公司能力较强的人被别人挖墙角，而且对方给出了优厚的条件，老板就可以跟该员工讲下面这个案例，告诉他一句话：天上不会掉馅饼。

【案例分析】

有一家公司，老板做了股权激励，其中一位副总跟了老板8年，老板将他从初级的业务员一步步带到了副总的位置，副总底薪1万元，5%的提成；公司做股权激励时，这位副总也投了，锁定期是5年，公司的估值是2 000万元，他买了2%的股权，出了40万元。

股权激励做了刚满8个月，就有人挖这位副总。新公司给他20%的干股，不用出一分钱；2万元的底薪，10%的提成。股权增长10倍，而且不用出一分钱；底薪增加一倍，提成增加一倍。如果有人用这种条件挖你，你会不会考虑换工作呢？

这位副总心动了，最终去了这家公司。这家公司的人事要求这位副总出示一份离职证明。副总回到之前的公司办理离职证明，必须要有老板签字。老板苦口婆心想留住他，但副总坚决要走。老板说，你如果走的话，按照合约，股东违约，自愿放弃股权，你投的40万元，一分钱也拿不到了。副总心想，舍得舍得，大舍大得，小舍小得，不舍不得。这里只有2%的股权，新公司给我20%的股权，还是值得的。他拿到离职证明就去新东家报到了。

结果，新公司的人事突然说，公司很正规，所有来公司的新人都要签一个试用期合同，试用期两个月。他感到疑惑，之前双方谈的时候，并没有提到有试用期。老板解释说，试用期的合同只是一个程序问题，就此打消了他的疑虑。

工作刚满一个月，人事给他下了通知：不好意思，你没有通过我们的试用期。没有通过试用期，那20%的股权没了，10%的提成也没有了，一个月只有 2 万元底薪。通告下来后，他也不好意思在这家公司再待下去。只好重新找工作，找了 5 个月也没找到。为什么？行业是相通的，辞职的事在行业里面广为流传，大家都认为这个人不忠诚，所以都不想要他。

直到有一天，他到一家饭店吃饭，碰到挖他那家公司的同事，两个人一起吃饭聊天。那个同事告诉了他真相："挖你的主意是我们销售总监策划的，他看你天天跟我们抢客户，所以跟我们老板策划了这样一个事件。"此时这位副总才知道真相！

员工准备跳槽的时候，一定要擦亮眼睛，透过表象分析真相，不要被花言巧语蒙蔽。

第四种原因，员工想退出，有可能他想创业。员工不会告诉老板，他要去创业，这个时候老板要了解员工的真实情况，跟他交谈，深入沟通。如果员工打算创业，可以从以下 3 种情况解决。

第一种情况，如果他要去创业，一定会有商业计划书，让他把商业计划书拿过来看一下。如果计划书有漏洞，老板可以给他指出来，告诉他哪些地方不闭环，按照这个商业计划书做下去，公司肯定是九死一生。就算能折腾三五年，最后还是失败，不如继续跟老板干。让他放心，三五年之后，再想出去创业的话，老板一定支持他。

第二种情况，如果他的商业计划没有漏洞，那就投资他。如果公司有很多员工都去创业了，老板觉得他们的商业计划都无漏洞，那就都投资。与带 100 个普通员工相比，当然是带 100 个老板更有前途。但投资的前提是，该员工做的不是同业竞争。

第三种情况,如果是同业竞争,老板可以跟他说,"你看我在这个行业已经干了这么多年,我的公司已经相当于"航空母舰",你自己做还不如在我这个"航空母舰"上自由翱翔。"老板也可以设立分公司或子公司,让该员工去做领导,给他一方天地,任他驰骋,这样也可以留住他。

> 如果他很坚决地表示,不愿意再留下来,而且确定是搞同业竞争,这样就会很麻烦。再愚蠢的人也不会拿着鸡蛋去碰石头,而且中国人从小接受的教育是知恩图报。出现这种情况,一定是某些原因导致的,与其和他在价格、客源、付款周期等方面展开竞争,倒不如仔细找找他这么做的深层次原因。

3. 人股都退

如果是人股都退的情况,处理的方法则相对简单。可以按照协议处理,自愿放弃或协议赔偿。因为前面已经做了约定,所以无论怎么操作都不会有太大的风险。在这种情况下,老板的格局可以大一些,通过额外赠送礼物的方式,留住对方的心,那样结局就更完美了。

第三节 期满退出的11种方式

期满退出的方式有 11 种，如表 8-2 所示。

表8-2 期满退出的11种方式

序号	期满退出方式
1	按投资合作协议退出
2	公司内部估价退出
3	部分退出，部分保留
4	按普通投资人计算
5	自愿放弃部分相应权利
6	上市退出
7	转让第三方
8	与其他股东协商转让
9	继承
10	并购退出
11	专业的评估公司评估

1. 按投资合作协议退出

当初投资合作协议怎么写的就怎么退出。比如，某人当初投了 20 万元，投资合作协议写的是按照投资本金 1.5 倍收回，那么合作期满的时候，则可以退 30 万元。还有一种情况是公司发生了翻天覆地的变化。比如，某人进来的时候，公司的估值是 500 万元，5 年后退出的时候，公司估值变成了 1 亿元，这个时候就不能按照投资本金的 1.5 倍收回了。

这里有两个层面的看法。第一个是法律层面，约定的是 1.5 倍，如投 50 万元退给 75 万元，合同是这样签的，即使股东有异议，法律也不支持。第二个是感情层面，现实中不仅要合法，还要合情合理，要做一个有情有义的老板。从情理上来说，公司估值增长了 100 倍，股东把资金和 5 年的青春投给了公司，最后按照 1.5 倍算，显然不合情也不合理。

这个时候有两种退出方式比较合理。第一种是按照净资产计算。净资产肯定增加了很多倍，如果公司没有多少净资产，就按照账面现金来退，如果按照账面现金算低于 1.5 倍，那就按照 1.5 倍算。第二种是比较合理的，即按照相同的 PE 倍数来退，投进来的时候是按照 PE 倍数来算，退出时也按照 PE 倍数来算。比如，进来的时候公司利润 200 万元，估值按 500 万元来算；这个时候 PE 倍数是 2.5 倍。退出的时候公司利润变成了 1 亿元，则还按照 2.5 倍来算。

退出的时候会遇到各种情况。有一种情况是岗位股的退出，岗位股退出的时候通常是按照相同的 PE 倍数计算的，PE 倍数一般是 2 倍。比如，某公司的利润是 500 万元，给岗位股做股权激励按照 1 000 万元计算，这是 2 倍。如果某人进来的时候给公司投资了 50 万元，那么他应该有 5% 的股权。假定 5 年之后退出，公司的利润变成了 1 亿元，这个时候如果按照相同的 PE 倍数计算，则按照 2 亿元估值。假定 5 年之内，此人所持股权比例没变，还是 5%，退的时候就要退 1 000 万元。

如果当初投资合作协议中规定的是，按投资本金的 1.5 倍收回股权，此人便只能收回 75 万元。如果按照相同的 PE 倍数计算，则收回 1 000 万元。75 万元跟 1000 万元相差很大，老板是退他 75 万元呢，还是退 1 000 万元？首先，肯定不能按照 75 万元来退。有的老板会说，按照 1 000 万元来退太离谱了。他投了 50 万元，退他 1 000 万元，5 年多赚了 950 万元。其实，不要只看别人赚了多少钱，可以计算下自己赚了多少，如果老板占 50% 的股权，相当于赚了 9 500 万元。

只要规则合理，股东所得都没问题。这个时候要约定，退出的时候，公司如果按照 2 倍估值算的话，是按 2 亿元计算。

也有可能这个人投资的时候，公司利润是 500 万元，由于种种原因公司业绩下滑,利润减少了。退出的时候,利润变成了 300 万元，公司的估值相当于 600 万元。如果按照 5% 的股权来退，公司则退他 30 万元；如果按照 1.5 倍退，公司退他 75 万元。这个时候，公司只能退给他 75 万元，不能退 30 万元。如果当初讲明公司利润少了，投资人投 50 万元，公司只能退 30 万元，人家就不会投资了。老板可能会觉得退75万元亏了，但大股东的义务就是保护小股东。在公司盈利的时候，大股东要让小股东优先分红；在公司亏损的时候，大股东要保护小股东。大股东在公司盈利的时候，可以获得更多的分红，这时要考虑三件事情：一是要留发展基金，二是要留风险基金，三是要留住人心。

老板在设置退出机制的时候，通常会在合同中提供4种选择。一般来说，股东可以从这4种选择中选一种。

第一个选择就是按照投资本金的1.5倍退出，如果股东当初投了50万元，那么公司退给他75万元。如果股东锁定5年，则可以按照1.5倍退；如果锁定2年，则可以低一点，按照1.2倍或者1.3倍退。一般来说，股东选择退出的时间各有不同。比如，公司没有赚钱，但锁定员工5年了，这5年都是亏的，没有分红，员工最后自然会选择退出。

第二个选择是按照净资产来退。一般情况下，老板可以跟股东约定，如果公司有盈利，每年只拿出50%~70%来分红，而不是全部分红，另外30%~50%将投入公司，因为公司需要发展基金。5年之后，公司净资产积累了，股东可以按照净资产来退出。这是盈利再投入公司的情况，最终股东会选择这条路。

第三个选择是按照相同的PE倍数来退，这是比较好用也比较常用的方法。就是股东投资的时候按照多少倍算的，退出的时候，仍按相同倍数计算。

第四个选择是按照外部和内部相同的比例来退。比如，某人投资的时候，公司卖给外部人的价格是每股2元，这个人买的时候是每股 1 元，他退出的时候，公司卖给外部人是每股 6 元，那么就按照每股 3 元给股东退。因为股东投资的时候，外部价格与内部价格是 2：1，退出的价格比依旧是 2：1。

还有一种选择是转让第三方。这个选择和第四个选择，一般只能选择其中一个，不能两个同时选择。

凡事要做最坏的打算，到最后公司给不起钱了怎么办呢？在合同里一定要加上这样的条款，当大股东失去回购能力时，大股东可以豁免回购义务。这个条款出现在合同里，员工会知道入股有风险。生意本身就有风险因素。

2. 公司内部估价退出

有的公司的退出机制不明确，有的公司没有设置退出机制。如果没有设置退出机制，公司可以补上。如果无法统一公司的估值，那就按照公司内部的估价计算。公司内部估价的方法是老板把现有的股东召集来，每个人把自己认为的公司估价写出来，然后把所有估价加在一起，求一个平均数，这个平均数就是公司内部估价。

做这件事的时候，老板要注意保密，不要在发布会议通知的时候告诉股东公司明天进行内部估价。否则，会议上可能会出现所有人都写的一样的情况。为避免估价虚高，公司可以设定好规则。比如，估价最高的股东，必须配合大股东收回 30% 的股权；估价第二高的股东配合大股东收回 15% 的股权；估价最低的股东，如果别人加价 20% 的话，他要卖出自己所持股权的 20%。这样定好，股东就不敢乱写了。

3. 部分退出，部分保留

合约到期退出，公司不会让股东全部保留股权，因为这样会导致后进来的人没有股权。保留的数量可以视情况而定。在职股可以规定在职的时间越长，保留的比例越多，保留量要在合同里写清楚。比如，股东进来的时候投资了100万元，5年之后，可以保留30%，保留比例需要提前约定好。但是岗位股到期后，股东不能保留股权。没什么特别约定的普通股可以保留，可以转让。

4. 按普通投资人计算

合同到期之后会面临4种情况。

第一种情况是人退股不退。合同到期了，股东退出，钱不退，股东希望继续保留股权，可以用转换的方法解决。可以设定，工作时间越长，转换的价格越低。比如，某人买的时候是每股1元，到期的时候转化为每股1.5元，这个人原来出了15万元，买了15万股，现在转化成每股1.5元，股数变为10万股。具体的数字和价格视公司的情况来拟定。

第二种情况是人不退股退。合同到期了，股东可以退股，前提条件是期满退出。到期了该退钱就退钱，不能扣股东的钱。但到期了人退不退出，这需要看具体情况而定。

第三种情况是人股都不退。做股权激励，锁定期5年，5年期满了，人不退出，股也不退，这是可以的。这正是老板想要的，过了锁定期5年，如果员工想再投3年青春、资金给公司，就可以奖励股东，如锁定3年，赠送他3万股，锁定5年，则赠送5万股。如果不奖励股权，也可以奖励现金，以示鼓励。

第四种情况是人股都退出，这种情况按照投资合作协议执行即可。

5. 自愿放弃部分相应权利

股东退出，需要放弃部分权利，如放弃经营权、管理权、选举权、被选举权、表决权等。

6. 上市退出

举个例子，按照退出约定，合同在本年12月31日期满，公司将在明年7月1日上市，这个时候怎么退呢？碰巧遇到上市申报期，第一种选择是提前退出，不能因为股东的退出影响公司上市。第二种选择是，延长退出时间到上市之后，三年或五年之后股东再退出。

7. 转让第三方

合同到期后，转让给第三方需要看情况。普通股一般可以转让给第三方，但是岗位股不行，岗位股只能给公司，公司再给下一个适合此岗位的员工。如果在职股到期，股东将其转让给了第三方，将导致大量股权外流，在公司干活的人反而没有股权了。所以要在合同中约定，股东可以转让一部分在职股。关于转让的比例，老板可以按照股东的工作年限，以及锁定年限来设置，让锁定期长的股东转出的比例大一些，让锁定期短的股东转出的比例小一些。比如，设置到期之后，30% 可以转让，70% 不能转让。但是不管如何转让，合同的条款里需要有一条：大股东具有优先购买权。股东要先找大股东转让股份，转让的时候，价格要公允。

8. 与其他股东协商转让

需要说明的是，此路不通。这只是理论上的退出方式。到期了，不能因为二股东回购的价格比较高，就卖给二股东。股权转让原则是，股权从哪里来，回哪里去，不能跟其他股东协商。

9. 继承

岗位股到期，一般不能继承，特殊情况除外，如股东的儿子刚好也适合这个岗位。在职股可以按照工作年限设定继承比例，工作的时间越长，可继承的比例越大。继承、保留、转让在很多时候是相通的。

10. 被并购退出

合同到期之后，刚好公司被并购了，这个时候公司就需要退给股东钱，前提是公司被并购跟股东没关系。股权合同期满后，按照合约退给股东钱即可。如果该股东还想留下来，并购方也非常看好此人，那么他可以留到并购方。

11. 专业的评估公司评估

小股东跟大股东在价格方面谈不拢时，小股东需要找专业的评估公司进行评估吗？要不要评估并不是根本问题，根本问题是小股东找的专业评估公司评估的股权价格高还是低。

一般情况下，评估公司对股权的评估价格会偏低。评估公司在评估的时候，一般会评估几个方面，如固定资产，可以计量的无形资产等。评估固定资产的时候，现金、库存、团队、订单都不难评估，但是它无法评估人的智慧。所以评估结果一般都偏低。比如，买了马云的公司，但马云带领他的核心团队走了，那么这家公司的价值马上就会大大降低。

评估公司对房产这一类资产的评估有可能会偏高，但是对一般公司估值通常会偏低。既然评估偏低，小股东就不要找评估公司来评估。正确的做法是，跟大股东搞好关系，让大股东把现有的商业模式优化一下，小股东拿这个商业模式去谈合同。

小股东在谈的时候，最好让大股东帮忙站台，这样可以把股份卖出更高的价格。小股东最好能让大股东帮忙谈合同，把公司的价值估高，这样大家的股权及身价都会升高，这是双赢互利的事。

第四节 退出协议的12个要点

股东退股的时候,需要签订股权退出协议,以保证双方的利益。退出协议有12个要点值得注意,如表8-3所示。

表8-3 退出协议的12个要点

序号	退出协议要点
1	错开退出解锁期
2	培养接班人
3	禁止退出的时间约定
4	暂除公司债务
5	债权收回后另行支付
6	不得挖公司墙角
7	签订保密协议
8	签订同行限制协议
9	不影响公司运营
10	保证运营资金

续表

序号	退出协议要点
11	重返约定
12	支付方式

1. 错开退出解锁期

有一位老板是开连锁便利店的,在珠三角开了很多的便利店。他听了股权课程后,自己做了一下股权激励,让老师帮忙看他签的合同有没有问题。老师只看了一眼,就发现他犯了一个非常明显的错误。这位老板开了很多小便利店,每个店都有很多股东,他把所有的股东都安排在同一天签订合同,那一天是9月1日。这将导致每年的9月1日,他都需要付出大量的分红。当所有的储户都在同一个时间到同一家银行取款时,就会出现挤兑现象,这对银行来说都很危险,何况是企业自身呢?

不能让所有人在同一个时间进入,做股权激励的时候,要分批进、分批出。

2. 培养接班人

在合同中约定,即使合同到期了,如果股东没有培养出接班人,那么他仍然不能退出，继续培养接班人。

3. 第三，禁止退出时间约定

哪些时间不能退出，要提前约定好。一般每年的 12 月、1 月、2 月，这几个月最好不要退出。因为春节前后，公司人员的变动会比较大，这个时段，公司会比较忙，资金也会比较紧张。

4. 暂除公司债务

具体的结算方式，需要在签订股权投资协议时就约定好。

5. 债权收回后另行支付

比如，有一家公司于 2008 年成立，当时公司进行了股权激励，大股东占 80%，小股东占 20%，锁定期是 5 年。2014 年合同到期了，小股东退出的时候提出了一个问题：客户还欠公司 1 000 万元，这笔钱公司要算在退出金额里。实际上，这笔应收款是不算的，除非提前约定，必须把这笔钱算上。另外，公司还欠供应商的 800 万元，要 5 个月之后才会还，小股东认为这笔钱还未发生，故不能从总金额中扣除。这么算的话，老板肯定不愿意，因为这笔款是要还给别人的。有的小股东会较真，说等公司将欠款还给供应商的时候，他拿到的相应的钱会退给公司，即使如此，最后还是要按合同来算。

对于上述情况，合同中要进行约定。不约定的话，退出时公司内会产生很多矛盾。

6. 不得挖公司墙角

有的股东退出的时候，会带走一批员工。针对这种情况，在股东退出的时候，公司其实有两个工作可以做：一是要求股东做好交接工作；二是在高管退出的前一年，就安排高管下面的人来做股权激励。如果没有做好这两项工作，高管可能会把一批员工带走，等于他一直借公司的钱和地方养自己的"兵"。

7. 签订保密协议

每位股东都知道公司的一些秘密，虽然他已经退出了，但仍要继续严守秘密，这要在合同中约定好，并且要求对方签订保密协议。

8. 签订同行限制协议

公司与股东签订同行限制协议时，要让他以股东的身份签约，而不是以员工的身份签约。公司做了股权激励，员工做了公司的股东，不能再成为同行。以股东的身份签约，股权退出后，公司不用付工资，股东也要遵守同行限制的协议。

9. 不影响公司运营

不能因为某位股东退出了,公司运营就乱套了。

10. 保证运营资金

如果退出的金额比较大,则可能会影响公司的运营。针对这一点,合同中可以做一些特殊约定。比如,当退出的金额大于账面金额的 20% 时,就自动推迟或者分期支付。

11. 重返约定

公司在做股权激励的时候,可能有一些人提出,回去休息一年,股权需要给他保留,一年之后他会再回来。这种情况可以保留一年的股权,但要约定,只保留一年,一年之后该员工不来,这个股权就不再继续保留。

12. 支付方式

支付方式没有定好,也会出现问题。

广州一家公司是做服装生意的，招募了很多的经销商，也有很多的连锁店。老板做了股权激励，结果到了2013年年底，有股东退出了。退出的时候，老板表示，公司现在没钱，可以用服装抵。100万元的股权退出费用，就给300万元的服装，很多股东都答应了。也有一部分人不答应，因为当初没有约定以服装抵退出款。但公司就是没钱，不接受也没有办法，最后闹得很不愉快。

支付方式要提前约定好，首先，出资注册公司的时候，除了现金，还可以出专利、知识产权、货物、资产、房屋的所有权。但是股东退出的时候，《公司法》里没有明确是否可以用其他资产抵。在签订协议的时候可以针对自家公司情况对退出支付做好约定。比如，服装企业可以约定，股东退出的时候，可以不退钱，退服装。建材企业可以约定，股东退出的时候，可以退建材。

在签订股权退出协议的时候，老板要把12个点结合起来，尽可能完善一些。

· 联机学习区 ·

扫描下方二维码，下载经过聚百洲律师团审定过的退出协议模板。

第五节

退出流程的6个步骤

股权退出非常关键的一点是退出流程的设计。常用的股权退出流程有 6 个步骤,这 6 步如果没有设计好,退出程序可能会出现问题,甚至影响到公司的正常运转。

第一步,提前申请退出。

提前多少天申请退出,这需要视岗位来定,不同的岗位在退出的时候可以约定不同的天数。比如,普通员工退出需要提前 30 天,部门主管退出需要提前 60 天,经理退出需要提前 90 天,总监退出需要提前 120 天,总经理退出需要提前 180 天。岗位越重要,需要提前的时间越长,因为要交接的事务也越复杂、越烦琐。

第二步,签订解除协议。

股权到期的时候,有的小股东会直接把个人银行账号发给老板,让老板把钱打给他。有的老板没经过考虑,收到账号就把钱打过去了。钱打出去很容易,可让对方过来变更营业执照的时候,就未必这么容易了。

有人认为,不用担心这个问题,因为公司没给股东注册股权。

即使没注册股权,还有可能出现另外一种情况:公司上市以后,这位股东出现了,要公司上市之后两年的分红。老板当初给他打的款项,他认为那是老板还他的借款,这就说不清楚了。

由此可见,股权退出的手续不能大意。退出的时候,老板要求把股权投资协议拿过来,由公司销毁。如果股东找不到那份协议了,需要签订一份遗失声明书,再签订一份解除协议,写明从××××年×月×日开始,××不再是公司的股东,双方的股权关系正式解除,同时把退出手续办好。

第三步,交接工作。

合同到期了,股东要进行工作的交接。按照每个岗位退出的时间进行工作交接。

第四步,配合工商变更。

先变更,然后再给股东退出资金,这需要在合同中约定好。合同可以约定,先变更再给钱,15天之内打款。如果没有约定,很容易出现问题。比如,老板让股东先变更再给钱,股东却要求先给钱再变更。双方谈不拢,最后闹得不愉快,公司比较难做后续的股权激励。

没有做这个约定的公司,老板要补一个股东会决议,不要给未来留下隐患。

第五步,支付首批股本加收益。

第六步,分批支付股本加收益。

股权退出的时候,打款要视具体情况来定,如果退出的是一位很小的股东,退出的钱不多,对公司来说不是什么大数目,老板可以一次性地退。相反，如果这位股东退出的时候涉及金额比较大，如几百万元、上千万元，那么最好分期支付。小股东可以不做约定，大股东最好约定分期支付。

在股权系统化设计与执行的过程中，把握住上述几点，会让公司的股东心里更踏实，对公司更加有信心，股权激励的效果也必定能在日常的管理与经营过程中持续体现出来。

后记
不容小觑的股权激励

新的经济时代正以"股权"为杠杆，撬动整个经济运转。

本书的出版，无论是对已经接受合伙人思维，决定要做股权激励或股权改革的中小企业家，还是对各行业中创业的小老板，以及一直对股权改革处于观望状态，经常听人提起却迟迟没下定决心的企业家，抑或是这个领域的学者，都有着极其重要的借鉴作用。本书可以帮助企业家完美地解决企业股权规划，更好地为企业成长筹集资金，并且可以帮助企业家掌控公司股权定价及估值的全过程。

感谢有缘拿到本书的企业家，感谢您能够读到最后。

感谢在本书的成稿及出版阶段，多方人士的关心和帮助，言语无须过多,感恩遇见。

感谢森冠文化王娟、韩卫东的精心策划,是你们让这些宝贵的内容有了更好的呈现方式。

愿本书能助力更多的企业家,在全新的时代,共同饱享股权激励带给企业的红利。